フランスの日々の暮らしごと

365日の小さな幸せ

smile editors 編

祥伝社

小さな幸せはフランスにも

日々の暮らしの中で
ささやかな幸せを感じていたい、
という思いは万国共通。

この本には、
フランスで生活すると体験できる小さな楽しみや、
ちょっとした驚き、新しい気づきやワクワクが
たくさん詰まっています。

心躍る出会いや、とっておきの秘密の場所。
週末に足をのばせるカントリーサイドの魅力。
そして、自分らしくて心地いい日々の暮らしごと。

空いた時間に、何気なく開いたページからいくつかを。
旅した時には、ここに行ってみたいと想像しながら。

気ままに楽しんでみてください。

smile editors

day 1

イースターの卵探し

　冬が過ぎ、木々が芽吹き、春めいてくると、やってくるイースター（復活祭）。フランスではクリスマスと同じくらい大切な宗教行事で、パン屋さんやパティスリー、スーパーのショーケースは一斉に、卵やうさぎの形のチョコレートで溢れ、店頭のデコレーションも春一色になります。

　イースターは、春分の日から最初の満月の次の日曜日で、前後の2週間は学校が春のバカンスになります。この日は、子供達が待ちわびていた大切なイベント「Chasse aux œufs（卵探し）」が行なわれ、大人が卵型のチョコレートをお庭や公園、家の中のあらゆる場所に隠し、子供達がパニエ（籠）を持って探しにいきます。カラフルな可愛いチョコをひとつずつ見つけては、笑顔と歓声に包まれ大はしゃぎ。

　ただ、隠したチョコはすべて見つけてしまわないと、日が当たるお庭ではドロドロに溶けた状態で数日後に発見されてしまうので気をつけて。

Yui TANIGUCHI

day 2

フランスの藤の花

　麗^{うら}らかな天気が続く4月下旬頃になると、あちこちの家に咲きこぼれる藤の花。日本で藤といえば、公園や庭園、神社に立派に整えられた藤棚のイメージがありますが、フランスでは一般家庭の家の玄関、壁や塀に、自然に這わせるように仕立てられ、わさわさと華やかな房をつけます。

　フランスらしい古い石造りの壁や木の扉に映える、瑞々^{みずみず}しく茂る葉の緑色と、たわわに咲いた藤紫色。アール・ヌーヴォー建築にも似合う、日本の藤とはまた違った風情が心地よく、なんとも美しい景観です。道を歩けば、風にそよぎ漂う甘い香りに、春の喜びを感じ、立ち止まってしまいます。

　有名なジヴェルニーのモネの庭の、睡蓮の池にかかる太鼓橋の上も、この季節は藤の花で覆^{おお}われます。絵画にも描き残したモネも愛した藤の花、フランス語名は Glycine du Japon^{グリシン デュ ジャポン} で、ルーツは日本のようです。

Yui TANIGUCHI

day 3

ピクニックが好きな国民性

　太陽を浴びることが大好きなフランス人は、天気が良い季節になると、一斉に公園や森、川沿いにピクニックに出かけます。カップル、家族、お友達、お昼休みのサラリーマンも。

　こちらでは、日本のような手の込んだお弁当は作りません。バゲットにハムとチーズなどの食材を持ち寄って、その場で挟んで食べるのがフランス流。

　お供はもちろんワイン。おしぼりもクーラーボックスも一切なし。ピクニックシートもなく、大きな布をふわっと敷くだけなので、芝生の朝露で濡れたりもしますが、あまり気にしません。

　そして、多少寒くても、とにかく日に当たります。青空の下で水着姿で寝転びながら肌を焼くお姉さんやおばちゃんもよく見かけます。

　フランスの夏は湿度が低く過ごしやすく、21 時過ぎまで明るいので、気づいたら一日中のんびりおしゃべりしながら時間が過ぎているということも。

Yui TANIGUCHI

day 4

子供のお誕生日会

　幼稚園に入り、4歳くらいになると仲良しのお友達を呼び合うお誕生日会。自宅でのパーティーはもちろん、お天気が良い季節は、庭や公園でピクニック、遊具付き施設やパーティー専門店も人気。フランスらしく美術館にもお誕生日会用のアトリエ併設が珍しくありません。

　主役の親がアクティビティを企画して盛り上げたり、Animateurと呼ばれるマジシャンやピエロなどに扮した司会進行役に依頼することも。

　みんなで囲むケーキはお母さんの手作りガトーショコラが主流。バースデーソングを歌い、ろうそくの火を消した後、集まったプレゼントを開封します。

　また、幼稚園や学校でも、お誕生日には本人がお菓子やケーキを持参し、クラスメイトと分け合ってお祝いするという習慣も。

　みんなと祝い合う、年に一度のかけがえのない時間が、温かい思い出として心に刻まれていくようです。

Yui TANIGUCHI

day 5

夢のようなパティスリー

　パリといえば有名パティスリーが溢れる街ですが、乙女心ときめかせる夢のようなパティスリーといえば、北マレ地区にある Bontemps Pâtisserie。

　パステルカラーの宝石箱のようなディスプレイに、ジュエリーのようなお菓子たち。スペシャリテは、バター香るサクサクの生地に、イチゴやパッションフルーツなど旬のフルーツや、チョコやプラリネのクリームを挟んだサブレのタルト。ハート型のものや、可愛いミニサイズも人気で、種類も豊富。

　オリジナルの紅茶やジャムの販売もあり、手土産にもぴったりです。

　個人的には、濃厚なレモンケーキもおすすめ。お店の隣には、サロン・ド・テ Le Jardin Secret(秘密の庭)があり、お茶やランチはもちろん、週末にはブランチも頂けます。

　お天気の良い日は、街の喧騒から離れて、静かな木漏れ日の中でとびきり美味しい時間を。

Yui TANIGUCHI

day 6

メーデーのスズラン

　5月1日は Fête du travail(メーデー)、そして Jour de muguet(スズランの日)でもあります。この日は、フランスでは大切な人にスズランを贈る風習があり、贈られた人には幸せが訪れるといわれています。

　祝日なので、ほとんどのお店や施設、美術館が閉まりますが、道ゆく人が小さな花束を手にし、街中が白いスズランで溢れます。街角のあちこちに即席の小さなお店が現れ、この日だけは花屋じゃなくても特別な許可なく、一般の人が誰でも自由に路上でスズラン売りになることができるのです。森やお庭で摘んだスズランを子供が売っている可愛いスタンドも登場します。

　ただし、本業の花屋さんから100メートル以上離れた場所、そして根のない切り花のみ許可というルールもあります。

　フランス中が新しい季節の到来を祝い、誰かを想って可憐な花と共に幸せを贈り合う、春の香りに満ちる、素敵な日となります。

Yui TANIGUCHI

day 7

オーガニック・スタンドで新鮮食材を

　お気に入りのオーガニック・スタンドがいくつかあるので、マルシェがない日は小さなお店で必要な食材だけ買うようにしています。

　17区にある Le Champ des Rêves は女性スタッフが頑張っている大好きなお店。並んでいるのは近郊の契約農家から届く、今収穫できる旬の野菜やハーブに、野菜の加工品やジュース、フロマージュやヨーグルトなどの乳製品、オーガニックビールに小さなエコパックに入ったお惣菜など。スーパーで買うよりフレッシュで、大人2人暮らしの我が家にはピッタリ。

　一年中季節に関係なくいろいろな野菜やフルーツが買えるというスタイルが、フランスでは変わりつつあるように思います。

　自然の営みに沿い、それぞれの旬に頂く食物は格別の味。太陽と土の匂いがいっぱいで、顔の見える生産者からの食物に、感謝の気持ちも強くなります。

Maki KINAKA / Photo by Yusuke KINAKA

day 8

クレープはいつでも楽しい

　フランス人は大人も子供もクレープが大好き。
sucré(甘い)、salé(塩気のある)両方の味がありますが、子供にはチョコレートクリーム、マロンクリームが人気。大人はシンプルにバターとお砂糖(シュクレ・サレ)を選ぶ人が多いようです。

　街中にあるクレープスタンドで買うと、焼き立てをパタパタと細長く折りたたんで小さな紙のケースに入れて渡してくれます。アツアツを頬張りながらのパリの街歩きは、大人になってからでも結構楽しい!

　家でゆっくり食べる時は、何枚かのクレープにフルーツと一緒にチョコレートソースやクレーム・アングレーズというカスタード風味のソースで食べたり、シンプルにハチミツ&レモンで頂いたり。デザートプレート風にするのも素敵です。

　シンプルなクレープも良し、いろいろ載せてみるもよし、万能選手のクレープでした!

Maki KINAKA / Photo by Yusuke KINAKA

day 9

食べ損ねた時の救世主

　パリのレストランでのディナータイムはたいてい 20 ～ 21 時からと決まっていて、たとえ早めに行って食べたいと思っても「まだ準備ができていないので」と丁重にお断りされることも。日本と違いディナーはスタートが遅い！　では、違うお店へと思ってもノンストップで営業している雰囲気のいいお店もそれほどなかったりします。ランチとディナーの間に休憩することなく食事ができるお店は、食堂（ブイヨン）やカフェ、ビストロなどでしょうか。

　この Bouillon Pigalle は、ウフ・マヨネーズやオニオンスープ、ステーキ・フリットなどのシンプルな定番のフレンチビストロ料理が、お手軽な金額で頂けると地元の人にも人気のお店。清潔でおしゃれな内装で、さらに予約しなくても OK なので、観光客にも人気です。

　こういうお店を一軒知っていると、ちょっと食べ損ねてしまった時も、レストランを探し回らなくてすみ、とっても便利です。

Maki KINAKA / Photo by Yusuke KINAKA

day 10

日本の桜の木で「HANAMI」

　日本人にとって桜は春の象徴。

　フランス在住の日本人が一番日本を恋しく思う時季かもしれません。フランスにも何種類か桜の木があって、一番多いのはサクランボの木。もちろん日本の桜の木もあります。5区のパリ植物園にある大木の「関山」は有名で、濃いピンクの花が咲き始める頃にはたくさんの人で大賑わい。そうです、フランス人も「HANAMI」という名のピクニックが大好き。

　ある日散歩をしていたら、近くの公園で桜の木がたくさん植わっていて、立札に「Cerisier du Japon」（日本の桜）と書いてあるのを発見。

　4月になって行ってみると、まるで日本の桜のような一重の桜が満開でした。木の下ではベンチに座ってみんな楽しそうにランチをしています。

　食事の最中に花を見上げては、まるで日本のお花見みたい！

　パリでも美しい春の風景を見つけることができました。

Maki KINAKA / Photo by Yusuke KINAKA

day 11

パリでも柴犬・秋田犬

　ここ数年、パリでも柴犬など和犬が大人気ですが、近頃は大型の秋田犬もよく見かけます。今日はお店で出会ったスマートなこの子をパチリ。目鼻がきゅっと中央に集まった特徴ある顔立ちで、しつけをキチンとされただけあってとってもお利口さん。ご主人様の試着を辛抱強く待っていました。

　フランスでは犬も猫もマイクロチップ（個体識別番号）を体に入れるのが義務化されており、迷子や行方不明になった時も届け出ることで連絡がもらえるようになっています。EU 内外を移動する時に必要な動物パスポートもあり、生年月日や写真が掲載される他、種別や予防接種歴などが記載されています。

　2024 年には、犬猫の生体販売が禁止となり、個人取引にも制限がかかるようになります。「動物の命はものと同じではない」という理念の元、動物との共生が新たにスタートします。

Maki KINAKA / Photo by Yusuke KINAKA

<u>day 12</u>

サクレ・クール寺院からパリを一望

　18区はパリ20区の中で一番高い場所にあります。その中でもひときわ高く位置するのがモンマルトルの丘の上に立つサクレ・クール寺院です。正式名は Basilique du Sacré-Cœur de Monmartre（バジリカ大聖堂）。ロマネスク・ビザンティン様式で3つのドームを持ち、天井にはブルーとゴールドで美しく彩られた印象的なキリスト画があります。

　寺院内のステンドグラスの聖人達の胸には赤いハートが印されており、サクレ・クール＝「聖なる心臓」を表しています。

　モンマルトルの丘からはパリ全体が一望でき、遠くモンパルナス・タワーやエッフェル塔、アンヴァリッドも見えます。サクレ・クールを訪れた際には、ぜひ屋上ドームへもあがってみてください！

　エレベーターはなく、螺旋階段のみ……足がガクガクになること請け合いですが、素敵な景色があなたを待っています！

Maki KINAKA / Photo by Yusuke KINAKA

<u>day 13</u>

バガテル公園のバラ

　パリ西郊ブーローニュの森の中にあるバガテル公園へ。

　ここはルイ 16 世の弟によって作られた小さな城館を残す広大な庭園で、現在はパリ市が所有。有名なバラ園のほかに、池や小さなポタジェ（農作畑）、菖蒲園などのゾーンに分かれており、のんびり散歩したり、木立や緑に触れられる憩いの場所です。

　特に 5 〜 6 月にかけてのバラの季節は圧巻で、様々な色のバラが咲き乱れ、かぐわしい香りに包まれます。

　100 年以上の歴史を持つこのバラ園には約 1200 種、9000 本以上のバラの木が植えられ、根元には、新種として作られた年、育種家、バラ名が記されたプレートが。お気に入りをチェックしては、いつか自分の庭に植えて……と妄想が止まりません。そしてここには、たくさんの孔雀が放し飼いに。パオーンパオーンと驚くほど大きな声で鳴いたり、羽を美しく広げたりしている姿を見ることができます。

Maki KINAKA / Photo by Yusuke KINAKA

day 14

ブーケにも使われるハーブ

　近頃、フラワーショップの店先に、一般の花に混じってハーブの切り花がよく置いてあります。パリは花束を作ってもらう時に「シャンペトル風でお願いします」と言う人が多いのですが、champêtre とは「田舎風、田園風」といった意味。今、野原から摘んできた花を束ねただけに見える自然なスタイルのブーケを指します。

　そんなブーケ作りに役立つのが、グリーンの葉と良い香りを持つハーブ達。ハーブの茎はそんなに強くないので、花や枝物と一緒にココ！というポイント数か所に使われます。生き生きとした小ぶりの葉やハーブの香りが花々とあわさって、しっくりナチュラルな仕上がりになるから、あら不思議！

　最近は、紫色の花を持つセージやコリアンダーなど、ハーブの葉だけではなく、鮮やかな色の花にも注目が集まっています。気取らないブーケを自分用に購入して、香りに癒される豊かなひとときを。

Maki KINAKA / Photo by Yusuke KINAKA

day 15

パリ市民の憩いの場・モンソー公園

　凱旋門からまっすぐ伸びる Avenue Hoche を直進すると、黒と金色の豪華な門構えを持つ Parc Monceau（モンソー公園）にたどり着きます。公園のすぐ手前に日本大使館があるため、各種手続きでお世話になることの多い在住日本人にとって、この周辺は何かとなじみのあるエリアです。

　公園内の池の周りには円形状のローマ列柱が置かれ、木立と芝生の中には多くの彫刻が点在しています。中世の風景のような、でも少し違う、様々な時代のものが公園内に置かれていて摩訶不思議な雰囲気なのですが、長い年月を経ているせいかすべてしっくりと調和しており、市民の憩いの公園となっています。

　モンソー公園からそう遠くないところに、美しい階段で有名なジャックマール・アンドレ美術館（Musée Jacquemart-André）が。美術館の帰りに公園まで足を延ばしてのんびりしてから、更に歩いて帰宅するというコースがお気に入りです。

Maki KINAKA / Photo by Yusuke KINAKA

day 16

酸味が特徴のフランス産イチゴ

果物の中でも人気の高いイチゴ。早春3月頃からマルシェに並び、9〜10月頃まで意外と長く売られています。

フランス産のイチゴは、酸味と甘みのバランスが良く自然な味が特徴です。粒の大きさと甘さは残念ながら比例しておらず、真っ赤でキラッキラな大粒スペイン産は硬くて酸っぱい……。スペイン産のイチゴを初めて食べた時は酸っぱくて食べきれなかったほどです。

フランス産で一番よく見かけるイチゴは Gariguette という名前で、日本の甘いイチゴに似ています。その他、Charlotte や Mariguette、Mara des bois、Ciflorette、Clery など10種以上あります。

今日はタルトを作ってみました。フランスでは酸味のあるイチゴの味が引き立つように、バターを使ったクレーム・ムスリーヌがよく使われます。日本より乾燥しているフランスの気候では、少し濃いめの味がしっくりきます。

Maki KINAKA / Photo by Yusuke KINAKA

day 17

食卓が華やぐアスティエ・ド・ヴィラット

　パリっとした麻のテーブルクロスにシンプルスタイルのナイフとフォークセット、昔のシャンパングラスの定番だったクープ型グラスを並べて、テーブルの準備を。

　パリではレストランに行くのと同じくらい、おしゃべりがゆっくりできる持ち寄りご飯会を開くことが多いのです。気の置けない友人達と囲む食事の時間は楽しくてあっという間です。

　そんな時の定番は、白い食器、ASTIER de VILATTE。土の色が薄く透けた白い釉薬のかかった繊細な器は、14区の工房で職人たちの手により丁寧に作られています。ひとつずつ形が微妙に違っていて手作りの温もりを感じられるところや、アンティーク食器の"古き良きもの"のイメージと現代風がミックスされているのがアスティエ・スタイルです。

　REGENCE と、JOHN DERIAN の絵付けシリーズが特にお気に入りです。大好きな友人達との美味しい夜のために、これからもせっせと集めます！

Maki KINAKA / Photo by Yusuke KINAKA

day 18

パリはどんどん自転車天国に

　パリでは数年前からVélib'(レンタル自転車)の設置が進み、車による市内渋滞や排ガスが減少、ストップ地球温暖化に向けて頑張っています。

　2019年にあった交通機関の大型ストライキで、何か月もメトロやバスが減便したため、市民は徒歩や自転車で移動するようになりました。それが、コロナ禍により一気に加速し、他人と接触せずに移動する手段として、自転車や電動自転車に乗る人が増えたのです。

　実際、パリにはまず駐車場がない！　特に、道にギュウギュウ当て合いながらの駐車は有名です。そんな経緯もあり、パリ市の市長は、4車線あった大きな道路は一気に車道を半分に減らし、両脇を自転車レーンにするという大胆政策を実行。

　そして、自転車を購入する人には国や会社より補助金が出るようになりました。

　自転車を買うなら今しかない！というキャンペーンのお陰もあり、今やパリ市民の半分は自転車を持っている？ぐらいな勢いです。

Maki KINAKA / Photo by Yusuke KINAKA

day 19

春の訪れを感じるアスパラガス

　フランス人が待ち焦がれる春の食材のひとつに白アスパラガスがあります。日本でも最近見られるようになってきましたが、フランスの白アスパラガスはとても太く、味が濃いです。

　茹でて、赤ビネガーとエシャロットでシンプルに食したり、卵黄とバターで作るオランデーズソースで食べたりといろいろな食べ方があります。

　在仏日本人の中で流行っているのは、白アスパラガスの炊き込みご飯です。ご飯を炊く時に、出汁を入れたお米の上に白アスパラガスを並べるだけという、とても簡単なレシピです。炊けたら最後にブルターニュ産のバターをひとかけら……絶品です。

　また、最近ではツクシのようなアスパラ・ソバージュ（野生のアスパラガス）というものも青果店で頻繁に見かけるようになりました。

　食の国フランス、まだまだ出会ったことのない食材もたくさんありそうです。

Teruki ISHIBASHI

day 20

フランスの馬

　明治20年に日本政府の使節団が重種馬を選定にノルマンディーへとやってきました。重種馬と聞いてもピンとこない方も多いと思いますが、北海道で行なわれている「ばんえい競馬」で出走している大きな馬のことです。

　フランスでの馬の歴史は長く、ルイ14世が軍用馬として大きい馬を掛け合わせたという歴史がありますが、農業用機械がなかった時代は農耕馬として、また街中では乗合馬車を引くために使われるなど、重種馬は生活ではなくてはならない存在でした。

　フランスでは年に1回、9月にルイ14世がノルマンディーに建てた、パン国立種馬場でコンクールがあります。そこでは、フランス各地で育てられた馬達の姿、雰囲気などを競い合います。

　素晴らしい馬と美しい建造物を見ると、やはりヨーロッパだなぁと感じますが、近年、繁殖農家も激減し、コンクールに参加する馬も減ってきているとのことです。

Teruki ISHIBASHI

day 21

パリ国際農業畜産総合見本市

　毎年2月末に行なわれる「パリ国際農業畜産総合見本市」。食料自給率127パーセント、農地面積は国土全体の52.5パーセントを占め、EU最大の農地面積を有する農業大国・フランスの底力を感じさせられる1週間です。

　見本市の期間中に、歴代大統領も必ず視察していて、フランスにおいて農業がいかに大切にされているのかがわかります。

　会場ではフランス各地から届いたチーズ、ワイン、ハム、焼き菓子などの名産品を生産者の手から買うことができ、また全土で飼育されている牛、豚、鶏、馬などの家畜が所狭しと集められます。

　幼稚園の子供達が先生と一緒に見学に来ていることも多く、特に卵からヒヨコが生まれる瞬間が見られるブースには、多くのチビッ子が興味津々で観察しているのを見ていて、その姿にほっこりさせられます。

Teruki ISHIBASHI

day 22

バラの美しい街、ジェルブロワ

　フランスの田舎町は本当にどこも素晴らしい景色を見せてくれますが、中でも「フランスの最も美しい村」協会が選んだ村々は、まさに絵画のような美しさです。パリから車で北に 100 キロメートル、ピカルディー地方に位置する Gerberoy も協会から指定を受けた村で、パリからも手軽に行くことができます。

　ポスト印象派の画家アンリ・ル・シダネルもこの村の虜になったひとりです。彼は村の住人に村をバラで埋め尽くすことを呼びかけました。今でも 6 月になるとそのバラが咲き乱れ、世界一バラが美しい村としても有名です。

　また、村の中心には 400 年前から残る Jardin des Ifs という邸宅と庭園があり、昼食を取ることができます。訪れる人はまるで絵画の中に入ったかのような錯覚を覚える、素敵な村です。

Teruki ISHIBASHI

day 23

オートクチュール刺繍の学校

　Ecole Lesage は、ビーズやスパンコールをふんだんに使用したオートクチュール刺繍を学べる学校です。ディオールやクリスチャン・ラクロワ、シャネルなどのオートクチュールコレクションの刺繍を担ってきたメゾン・ルサージュが 1992 年に開校し、現在はシャネルグループの傘下に。

　一回の授業は 3 時間制で、授業で習ったテクニックを使用し、次の授業までに宿題という形で、同じテクニックを用いて残りすべてを自宅で進めていきます。

　ここでは、テクニックはもちろんのこと、配色のセンスや、刺繍するボリュームのバランス感（刺繍に使用するマテリアルは盛りすぎないことが大切）、自由に表現する楽しさや素晴らしさについて学べます。初心者向けに、6 時間／ 12 時間／ 18 時間のコースもあります。旅行の思い出に、アート刺繍の本場でテクニックを学ぶ、パリならではの体験も可能です。

Kaori KONISHIKAWA

day 24

手刺繍のマスク

　コロナが全世界に猛威を奮い始めた 2020 年 3 月中旬。フランスもロックダウンとなり、生活必需品を扱う店を除くすべての商店が閉まり、パリ市民の憩いの場とされる公園も閉鎖。外出は 1 時間以内の買い物と健康のための散歩のみが許可され、今まで誰も体験したことのないような、静かなパリとなりました。

　そんな状況下でも、スーパーや薬局で働く人、医療従事者の方々は休まず働いており、いつの日からか毎日夜 8 時になると、家々の窓から、敬意を表した拍手や応援のエールが聞こえてくるようになりました。

　私も彼らへの感謝の思いが日に日に募り、外出の際につけるマスクに感謝の言葉があったら少しでも伝わるのではないか？と、merci（ありがとう）と刺繍したマスクを製作しました。最初は自分用に作ったのですが、インスタグラムに投稿後、購入したいという問い合わせが殺到。現在ではニューヨークやロンドンにも merci マスクの輪が広がっています。

Kaori KONISHIKAWA

day 25

ベルヴィルのお気に入りブーランジュリー

　メトロの Belleville 駅から徒歩 3 分ほどのところに「Le Petit Grain」という小さなブーランジュリーがあります。ここはお向かいにある、大人気のナチュラルワインとフレンチタパスが楽しめるレストラン「Le Grand Bain」が経営するパン屋さんです。

　このお店の大きな特徴は、「サワードゥ・ブレッド」と呼ばれる自然発酵をした酵母を使用していること。いわゆるフランスの定番であるバゲットは置いていません。その代わり、たくさんの穀物が入っていて体にも優しいマルチグレイン・ブレッドを楽しむことができます。それらのパンもとても魅力的ですが、私のお気に入りは、ここの菓子パン。

　特にシナモンロールは絶品で、モチモチの食感がたまらなくおいしく、何度食べても飽きることがありません。その他、ミルフィーユやキャロットケーキもおすすめです。ル・プチ・グランはサンルイ島に 2 号店があります。

Kaori KONISHIKAWA

day 26

エッフェル塔の見えるベルヴィル公園

　メトロの Belleville 駅から坂道を 10 分ほど上ると、小高い丘の上にベルヴィル公園が見えてきます。この公園はパリ 20 区に位置し、敷地内には遊び場やぶどう園、屋外劇場に季節の花に包まれた美しい広場があります。

　眺めの良い展望台からは、エッフェル塔を望むことができ、大きな空と共にパリの街を一望できます。

　朝早くこの公園を訪れると、気功をしている人がいたり、日中は芝生の上でピクニックをする人、展望台の上に座って物思いにふける人、ある時は老若男女が揃ってダンスの練習をしていたり、と、地元の人の憩いの場となっています。緑豊かな公園敷地内の遊歩道を下っていくのもまた楽しく、春には藤の花も満開に。公園のすぐそばにはカフェが何軒かあるため、そこでコーヒー、もしくはビールやワインを買って、エッフェル塔を眺めながらひと息、もしくはアペリティフをするのもおすすめです。

Kaori KONISHIKAWA

day 27

儚く甘いエルダーフラワー

　パリがだいぶ春めく5月頃、たったの2週間だけ咲き、儚く散ってしまうエルダーフラワー。クチナシのような甘い香りで、この花が咲くシーズンは、街中がいい香りに包まれます。期間限定なので、フランスでは花を摘み、長期保存できるようコーディアルシロップにするのが定番。作り方は簡単。花をよく洗い、ハーブティーを淹れるように軽く煮出してお好みの分量でハチミツや砂糖、レモンを加えるだけ。分量はお好みでOK。

　暑い日はソーダ割り、寒い日はお湯割りに。ハチミツの代わりにヨーグルトやアイスクリームにかけてもおいしいです。

　このシロップ作りは世代を超えて受け継がれるフランスの伝統行事。レシピも家庭によって様々です。日本でいうと、梅仕事みたいな感じでしょうか。この作業をしているとパリジェンヌに近づいた気がするのは、たぶん気のせいですが、春の喜びをひしひしと感じられる豊かな時間です。

Mami OKAMOTO

day 28

桜もいいけど、椿もね

　桜の花見もいいけれど、実は日本で桜が見頃を迎えるのと同じ頃、パリでは日本原産の椿も満開を迎えます。

　19区の Parc des Buttes-Chaumont（ビュット・ショーモン公園）では、様々な花が咲き本当に美しいのですが、その中でも椿は目を見張るほど美しく、大ぶりの花が我も我もと咲き乱れます。

　椿はフランス語ではカメリア。そう、シャネルのモチーフとしても有名で、ガブリエル・シャネルが生涯こよなく愛した花でもあります。バラよりも控えめで、凛とした美しさを持つのが、彼女にとって魅力だったそうです。椿はフランス人にとっては意外と身近な花で、19世紀のパリを舞台にしたアレクサンドル・デュマ・フィスによる名作『椿姫』の名前にも椿が登場します。日本原産の椿がヨーロッパに渡ったのは、18世紀頃だそう。もうずっと長い間フランスでも愛されていると思うと、なんだか誇らしい気分になりますね。

Mami OKAMOTO

day 29

春の遠足、プロヴァン

　12〜13世紀に繁栄した小さな都市、Provins。パリから電車で1時間半で行ける世界遺産の街です。13世紀以降は、だんだんと街が衰退していったそうですが、逆にそれが功を奏して、中世そのままの街並みが今も残され、2001年に世界遺産として登録されたのだそう。皮肉な話ですが……。

　行き方は、ガール・ド・レスト駅からSNCF（フランス国鉄）のプロヴァン行きに乗って終点まで。電車は1時間に1本くらい出ています。

　パリから行って帰って半日で観光できるくらいの距離なのに、パリとはまったく違った景色を堪能できます。片道11ユーロ程度で行けるのも魅力。

　ここは日本でいうと、東京都内から埼玉県の川越市に行くような感覚でしょうか……。道中の電車からの景色もなかなか良いので、旅行の際に、パリ以外も行ってみたい！という人にはなかなか良い街だと思います。

Mami OKAMOTO

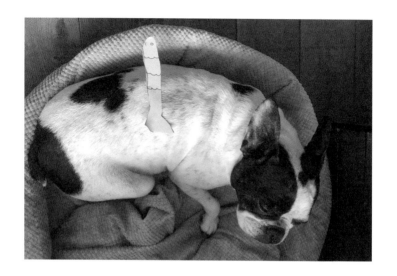

day 30

フランスのエイプリル・フール

　やっとサマータイムに変わり長い冬が終わりを告げる頃の4月1日は、堂々と他人をからかってもいいという習慣がフランスにももちろんあります。

　フランスでは「Poisson d'avril（4月の魚）」と呼ばれていて、子供達が紙に描いた魚の絵を人の背中にこっそりと貼り付けるいたずらをします。

　この時季にサバがよく釣れるためにこの魚はサバのことを指すといわれています。エイプリル・フールの日は朝から子供達はワクワク。前日からせっせと魚を描いて、学校に持っていきます。クラスメイトだけでなく、先生や給食のおじさんやおばさん、受付のおばさんまでみんな気づいているのかいないのか？　背中に何枚も魚をぶら下げています。

　我が家ではいつ貼られたのか、子供を学校に送って家に帰ってくると、愛犬に貼られていました。もちろんこの日は散歩にもこのままで行きました。

Masaé TAKANAKA

day 31

サン・シュルピス広場

　パリには至るところに市民の憩いの場の広場と噴水があります。

　セーヌ左岸の6区、サン・ジェルマン地区でお買い物で歩き疲れた時はサン・シュルピス広場での休憩がおすすめです。広々とした広場に美しい噴水があり、キラキラ光る水しぶきと水の音に癒されます。

　ここには建築家のルイ・ヴィスコンティにより「4人の枢機卿の噴水」が設置されました。目の前にはパリで2番目に大きいサン・シュルピス教会がそびえ立ち、数々の芸術品が収蔵されています。

　1856年に描かれたドラクロアのフレスコ画『天使とヤコブの戦い』や『悪魔を打つ大天使ミカエル』などがあるので必見。映画『ダ・ヴィンチ・コード』の舞台にもなったことでも有名です。

　有名な観光スポットになっても、毎日変わらず噴水の前でおしゃべりしている地元の人に混じって物事を考える時間が好きです。

Masaé TAKANAKA

day 32

エッフェル塔を正面から見る

　パリに来てエッフェル塔を綺麗に撮りたいとリクエストされたら、迷わずお連れするのがトロカデロ広場です。セーヌ川を挟んでエッフェル塔を正面に見られる絶好のロケーション！

　1823 年にスペインで起こったスペインへのフランスの侵略「トロカデロの戦い」にちなんで名付けられたこの広場はエッフェル塔を見晴らす見事なパノラマ風景で、いつも観光客でいっぱいの人気スポット。

　メトロのトロカデロ駅からすぐの高台にあるシャイヨ宮から撮影するのが一番。朝早くに行くのがおすすめです。

　鉄の貴婦人といわれたパリのシンボルのエッフェル塔。数々の有名なカメラマン達もこの広場から撮影しています。

　おすすめは夜暗くなってからのここからの眺めです。ぴったりな時間になると（夜 8 時とか 9 時など）エッフェル塔がキラキラ！　最高の時間を過ごせると思います。

Masaé TAKANAKA

day 33

セバスチャン・ゴダールのサブレとチョコレート

　セバスチャン・ゴダールはパリ・フォション本店でパティシエとして頭角を現し、かのピエール・エルメの推薦によってその後任を務めたこともある天才パティシエです。9区の路面店とルーブル美術館の近くにサロン・ド・テも併設するお店の2店舗を経営しています。

　季節のタルトやオリジナルのジャム、モンブランなども絶品ですが、日本未入荷のセバスチャン・ゴダールでお土産におすすめなのは、シンプルなサブレクッキーと塩キャラメルの板チョコです。サブレクッキーは贈り物には素敵な缶に入ったものを、家族などには簡易包装のものをとチョイスできるのもうれしい。

　板チョコもちょっと渡したいお土産に最適です。

　しかも一度食べたらやめられないくらいおいしいのです。パッケージデザインもグラフィック界で人気の Ich&Kar（イチェカー）が手がけていて、シックでモダンで喜ばれること間違いなし！

Masaé TAKANAKA

<u>day 34</u>

子供の誕生日会は美術館が人気

　週末になると友達の誕生日会に招待されることもあり、子供達は大忙し。小学生になると断然人気なのは美術館で、オーガナイズしてくれるアトリエと誕生日会がセットになっているコースです。

　どこの美術館も、見学と作品を作るアトリエをまわり、最後にケーキとプレゼント交換をする3時間くらいのコースが人気です。

　女の子達は各々プリンセスの仮装をしていくと楽しいからとドレスコードを作ったり、ジャックマール・アンドレ美術館で誕生会があった！と盛り上がっていたりします。

　我が家で企画して好評だったのは Le Musée en Herbe。子供も楽しめる現代アートの美術館で、ちょうど村上隆展をやっていた時でした。

　日本人とフランス人のハーフである息子は得意げに日本人のポップアーティストを自慢しながらの見学となり、文化交流もできて大成功の誕生会になりました。

Masaé TAKANAKA

day 35

アール・デコなジャコメッティ美術館

　スイス生まれの彫刻家アルベルト・ジャコメッティの美術館があります。彼がアトリエを構えていたのと同じ、14区にある20世紀初頭に建てられた美しいアール・デコの邸宅です。

　ステンドグラスやモザイクタイルの床、アール・デコのディテールが美しいドアなどがある館内には、数多くの彫刻やデッサンなどが展示されています。

　入り口を入った右手にある精密に再現されたアトリエは24平方メートルしかなく、壁一面にデッサンが貼られ道具などが床に所狭しと置いてあります。

　トイレもなく、水道も外にあるものを使っていた時代背景に思いを巡らせるのも楽しみのひとつです。ジャコメッティにあまり興味がなくてもこの館内を見学するだけでもとても面白いです。

　私は14区の散歩をする時には必ずこの建物の外観を眺めます。それほど美しい建築物なのです。

Masaé TAKANAKA

day 36

簡単で華やかなウフ・ミモザ

　フランスの定番の前菜で、ビストロに行くと必ずあるのがウフ・マヨネーズ。直訳すると、卵マヨネーズです。ゆで卵の上にマヨネーズがかかっているだけの、とてもシンプルな一品。フランス料理のひとつで究極のゆで卵料理と位置づけされています。

　シンプルだからこそあなどるなかれ。各ビストロでは自家製マヨネーズを使い、卵の茹で方にこだわります。

　私が義理の母から教えてもらったウフ・マヨネーズはウフ・ミモザと呼ばれています。作り方は簡単。卵を固茹でにするのがポイント。2つに割り、黄身を取り出して、くぼみにマヨネーズを入れます。その上に黄身をザルで濾したものを振りかけます。面倒な時は手で黄身を崩して振りかけても大丈夫。シブレットもしくはパセリを散らして出来上がり。春や夏のバカンス中に簡単で鮮やか、みんなが大好きなウフ・ミモザを作ります。

Masaé TAKANAKA

day 37

フランスのエコ事情

　2007年、パリ市は、市内の交通量の縮小のために歩道を拡張し、貸し自転車ヴェリブを導入しました。その他にもノーカーデーを設けるなど、様々な試みをするも排気ガスはなかなか減らず、2021年の8月末からパリ市内のほとんどの道路で時速30キロメートル以上出してはいけないことになりました。近い将来にはパリの中心1区から11区まで一般車は入れなくなるようです。

　フランス人は古くから市場にマイ・パニエやカートを持っていく習慣があるし、市民参加型の蚤の市 Vide-grenier（ガレッジセール）に不用品を出すなど、エコであることが生活に浸透しているように思います。Zéro déchet（ゴミを出さない）とは、ここ数年目にする言葉ですが、スーパーではできる限りのものを量り売りにして、袋や瓶を自分で持参します。小麦粉やお米などを、入れ替える手間も省けます。国と市民が取り組む大小様々な取り組みに参加しつつ、見守っていきたいと思っています。

Ayumi SHINO

<u>day 38</u>

パリの小道散策

　北のモンマルトルから南のモンパルナスまで歩いてもせいぜい2時間くらい。

　パリは小さな街ですが、たくさんの小道があってそのすべての通りに名前があります。rue de Marcel Duchamp、マルセル・デュシャン通り。アーティストの名前がついている通りは多いですが、13区の中華街の外れにこの名前を見つけた時は、こんなところに、デュシャンが！と挨拶をしたいような気持ちになりました。ちなみにフランス中の通りに一番多い芸術家の名前はセザンヌだそう。私が好きなのは rue de la Lune、月の道。なんてきれいな名前でしょう。一番興味深いのは20区にある rue de l'Avenir、未来通り。未来通りという割に、30メートルほどの短い道でおまけに行き止まり。全く希望がない感じです。普通行き止まりの道はImpasse といって、rue とはいわないので誰が何を考えてこの名前をつけたのか。フランス人的なシニカルなユーモアを感じてしまいます。

Ayumi SHINO

day 39

身の丈にあった理想の暮らし

　ジョアンナとの出会いはヨガレッスンでした。長身で白髪のショートカットで、ジーンズにマルジェラのジャケット、真っ赤な口紅というスタイルで颯爽と現れるのが本当に素敵だったのです。親しくなり、おうちに遊びにいくようになって、ミニマムでスタイリッシュなインテリアにも魅了されました。ジョアンナと旦那さまのイヴはいわゆる年金生活。決して裕福というわけではないけれど、アート作品と美しいデザイン家具があり、長年にわたって本当に好きなものだけを身の回りに置いてきたんだな、ということがよくわかるセンスの良いギャラリーのようなお宅です。

　アクセサリーやサングラス、身に着けるものすべてにもストーリーがあるけれど、洋服含め、ひとつ買ったら、ひとつ手放すのが鉄則だとか。常に決まった枚数を綺麗にお手入れして、その収納も美しいのです。ジョアンナはものに執着しない、とイヴが言います。愛してやまないものを大切にしながら、執着はしない。これぞ理想の暮らしだな、と思うのです。

Ayumi SHINO

day 40

気軽に週末の旅へ

　フランス、特にパリの空港には LCC が多数乗り入れていて、各航空会社による価格競争も激しいのか、バカンスシーズンを外せばかなり低価格で飛行機のチケットを買うことができます。

　フランスの高速鉄道 TGV も、早めに予約をするか、もしくは直前に空席が多ければ驚くほど安く、日本に比べるとかなり気軽に旅行ができます。

　国内ならば、例えば週末の 1 泊 2 日で南仏、日帰りでノルマンディーなど、いろいろな行き先の選択肢があるので、パリ旅行中に、ちょっと地方に足を延ばしてみるのも面白いかもしれません。オフシーズンならば、なんと 20 ユーロ前後でスペインやイタリアなどの近隣国まで行けることもあります。

　「フランス人は旅行好き」というけれど、その理由は、お手軽な価格で気軽に旅行しやすい環境にあることも大いに関係しているかもしれません。

Mami OKAMOTO

day 41

ボルヴィックのふるさと、オーヴェルニュ地方

　フランスの「へそ」と呼ばれる Auvergne〔オーヴェルニュ〕地方。パリから TGV に乗り約 4 時間で到着します。オーヴェルニュ＝田舎という意味で、その名の通り、山脈と旧火山に囲まれ 19 世紀頃まで外部の人間は簡単に足を踏み入れられなかったというほど、自然豊かな地域です。

　このあたりは日本でもポピュラーなミネラルウォーター、Volvic〔ボルヴィック〕の源泉があります。水道をひねれば、ボルヴィックが出るんです！　それだけで、広大な自然と美しい景色を想像して頂けるのではないかと思います。

　また、農業や酪農がさかんな土地で、特にチーズの名産地として知られています。フランス最古といわれるカンタル、フランス人の定番、サン・ネクテールなど A・O・P 認定されているチーズも多数。ワイン作りも盛んです。冬の寒さは厳しいですが、夏は涼しく過ごしやすいので、山バカンスにおすすめしたい場所です。

Mami OKAMOTO

day 42

世界遺産の街　ル・アーヴル

　第二次世界大戦中、空爆によりヨーロッパ最大級の被害を受けた過去を持つ
ノルマンディーの港町、Le Havre。街の 8 割が焦土と化し、8 万人以上の市民が
住居を失ってしまいました。

　戦後の課題はまず、早急な街の復興。特に市民達の住居を確保することでし
た。大規模な都市の再建を任されたのは「コンクリートの父」と呼ばれる現代建
築の旗手、オーギュスト・ペレ。あのル・コルビュジエの師匠といわれる大御所で
す。悲しい過去を乗り越え 1964 年、フランスでは異色ともいえる、直線的な鉄筋
コンクリートの街が完成。都市改造は世界的に評価され、2005 年には「20 世紀
における都市計画の優れたモデル例」として世界遺産に登録されました。

　ちなみにこの団地群は、地元の不動産屋さんで賃貸物件としてごく普通に紹介
されているので「世界遺産に住まう」ことも夢ではありません。家賃は 50 平方メー
トルで 600 ユーロほど。お値打ちです。

Mami OKAMOTO

day 43

ジャン・ヌーヴェル設計の市民プール

　ル・アーヴルは「建築の聖地」といわれています。その理由は、ペレによる再建都市であることに加え、1980 年代にオスカー・ニーマイヤーによる文化施設ができたこと。さらに、2008 年にフランスが誇る建築家、ジャン・ヌーヴェル設計の市民プール「Les Bains des Docks」が竣工されたことで不動のものとなりました。

　古代ローマ時代のテルマエ(公衆浴場)をイメージしたというこのプール、市民プールとは思えないほどモダン。開放感のある 50 メートルプールから子供用プールまで、どこも水を通して、いろいろな空間体験ができるよう工夫されている上に、ゆったり設計されたスパやサウナもあり、老若男女が楽しめます。

　料金はプールのみなら 4.9 ユーロ。スパやサウナを使っても 12.9 ユーロ。「このプールのためだけに移住したい」と本気で思ったのですが、この街はやはり観光で訪れたパリジャン達の移住先として人気の地なのだそうです。

Mami OKAMOTO

day 44

マルセイユのバラ仕事

　マルセイユにある知人の実家にお邪魔した時の話。その家には見事なローズガーデンがありました。お母さんが、もうずっと長い間、大切に育てていらっしゃるのだそう。綺麗に咲かせるだけではありません、花を愛でたら、摘んで花びらを活用します。

　昼下がり、淡々と花びらを切っているお母さんに「何してるの？」と聞くと「ローズウォーターを作ってるのよ。うちのは肌にいいから使ってみて。自然のものしか入ってないから3週間くらいで使い切ってね」と言われ、嬉々としてパリに持ち帰って使ってみると荒れた肌がみるみる良くなるではありませんか。やっぱり無添加で作ったものは、肌にも優しいんですね。

　その他にも、ジャムやシロップを作ったり、ローズオイルを作ったりするんだそうです。自分で丹精したバラで手仕事するって素敵。

　上手に作るには「花びらを丁寧に剝がすのがコツ」だそう。

Mami OKAMOTO

day 45

マルセイユのお母さんのケーキ

　マルセイユのお母さんが作ってくれたケーキは「素朴なお菓子のお手本」といった佇_{たたず}まい。見た目も味もさりげないのに、忘れられないほど感激したんです。なぜかといえば、ケーキのためだけにテーブルクロスを花柄のものに替えてくれたから。味はもちろん、テーブルクロスにまで気をつかうその美意識にノックアウトされてしまいました。

　そもそも、フランス人はスイーツ偏差値が高いです。週末は家族や親戚が集まり、夕食後は大きいケーキをみんなで分けるのが定番ですし、「デザートを食べないと食事が終わらない」と考える人もいるほど、日常に甘いものが不可欠です。

　家族みんなにとって大切な時間だからこそ、お母さんは気づかいを忘れません。フランス人の温かいホスピタリティを実感したことで、ずっとずっと忘れられない味になっています。

Mami OKAMOTO

day 46

洗濯物を外に干したい

　パリでは、屋外やベランダに洗濯物を干すことができません。景観を守るために市の条例で禁止されていることと、住民達にも洗濯物の外干しは「美しくない」という考えが根付いているからです。

　パリの街並みは世界遺産になるほど美しいですが、この美観は、フランス人の高い意識と、部屋干しに耐える移民達に支えられているというわけです。

　わかってはいるのですが、やっぱり日本人としては、お日様の匂いのする洗濯物が恋しい……。でも、年に一度だけチャンスがあるんです。

　実は、南仏では賛否両論ありながらも、屋外で洗濯物を干すのが一般的です。夏のバカンス先になるべく庭のある南仏の一軒家を選び、思う存分外に洗濯物を干します。風になびく洗濯物！　夏のフランスのお日様の匂いは最高。バカンス中の洗濯が密かな楽しみのひとつになっています。

Mami OKAMOTO

day 47

パンダが暮らすボーバル動物園

　フランスのロワール地方にある Zoo Parc de Beauval（ボーバル動物園）は、世界の TOP5 に選ばれるほどの素敵な動物園です。49 ヘクタールという広大な敷地内には 3 万 5000 頭以上の動物達がのびのびと暮らしています。

　ここはフランスで唯一パンダが飼育されていることでも有名で、ヨーロッパでは最多タイの 5 頭のファミリーが暮らしています。周辺では古城巡りを楽しめるのですが、そんな土地柄からなのか、パンダの飼育場もシノワズリ風のお城のような豪邸です。庭も広々としていて、日本の動物園とは比較にならないほど。

　ただ、自然に囲まれているだけあって、車がないとかなりアクセスしづらいのが難点。春から秋のオンシーズンは、パリから郊外鉄道 TER と臨時バスでアクセス可能ですが、レンタカーなどで訪れることをおすすめします。

　もし、古城巡りなどでロワール地方を訪れる機会があれば、少し足を延ばしてぜひ行ってみてほしい素敵な動物園です。

Mami OKAMOTO

day 48

イザベル・ボワノさんのアトリエ

　フランスの南西部、Angoulême（アングレーム）で田舎暮らしをするアーティスト、イザベル・ボワノさん。彼女はもともとパリに住んでいましたが、自然と共に暮らしたいと、大学時代に住んでいたアングレームに拠点を移しました。

　フランスではここ数年地方へ移住する人が増えていますが、彼女もそんなひとりです。自然と共に暮らすことで、インスピレーションの源が増えたと言います。

　アングレームはパリから TGV でおよそ 2 時間半。人口 4 万人ほどの、フランスの中でも小さな都市で、落ち着いた佇まいの静かな街です。

　地域のシンボルは大西洋に続くシャラント川と、丘の上の高台にある旧市街。川沿いの遊歩道は「グリーンベルト」と呼ばれていて、散策が楽しい。

　きっとこの街での暮らしが、自然や動物を愛するイザベルさんの作品にもっと優しさと深みをもたらしてくれるんだろうな、と思います。

Mami OKAMOTO

day 49

粗大ゴミをリサイクル

　フランスでは新学期が9月となるため、6月から7月にかけては引っ越しが多い季節になります。その頃になると、引っ越しに伴い、要らなくなったものがカーブ（地下室）や自宅からポツポツと路上に運び出されます。

　なかなかものを捨てないフランス人、運び出されたものの中には中世？の頃を思わす、ほこりだらけの革のトランクや、海賊船をイメージさせる木の海賊箱などもあり、ちょっとした路上蚤の市状態。

　それらのものはお披露目されると、翌日にはほぼありません。通りかかった近所の人達が持っていってくれるのです。

　フランス人は、たとえお金持ちでも、捨ててあるものを平気で拾い、拾ったこと、見つけたこと、その捨てられたものが今息を吹き返し、輝いていることを自慢したがります。また歴史のあるものがこよなく好き。だから、蚤の市はフランスの生活にはなくてはならないものなのでしょう。

Noriko MIURA

day 50

伝統的なデザイン、トワル・ド・ジュイ

　Toile de jouy は、200 年以上にもわたって多くの人々を魅了し続けているフランスの伝統的なデザイン生地。現代では 18 世紀頃の人物、風景、神、天使、時に花などの植物柄などがモチーフで、主に 2 色使いです。

　パリより西方のヴェルサイユ市にほど近い Jouy-en-josas 村に製作所があり、ヴェルサイユ宮殿内の装飾にも多く使われているなど、フランスの王妃、マリー・アントワネットもこの生地に魅了されていました。根強い人気で世界中にコレクターも多数。

　最近では Dior 社がトワル・ド・ジュイを用いて大ヒットを生み出し、若い世代からも注目の的に。ジュイ・アン・ジョザス村にある美術館、Musée De La Toile De Jouy à Jouy en Josas には、今も世界各地からファンが訪れます。

Noriko MIURA

day 51

リヨン駅からアヴィニョンへ

　パリのリヨン駅からアヴィニョンまで TGV で 2 時間半。プロヴァンス地方へ。パリの国鉄（SNCF）のターミナル駅のうち、TGV が発着する駅は、パリ北駅、東駅、リヨン駅、モンパルナス駅の 4 か所。

　フランス南東部をパリと結ぶリヨン駅は、真夏の太陽を求めて南へと向かう人々で混み合います。

　フランスの TGV は、国内はもちろん、ベルギーやイギリス、オランダを結ぶ国際列車です。そのため、車内には大きなトランクを置く場所があり、各座席にコンセントも設置、子供達は充電を心配せず、静かに iPad などで動画を楽しむこともできます。

　二等席でも十分快適ですが、プルミエクラスは座席も広く、日本の新幹線のグリーン車並みの快適さ。フランスの田舎の風景を車窓から楽しむ旅もきっと忘れられない思い出になります。

Noriko MIURA

day 52

人気のパニエ

　フランスでは、編まれた籠状のもの全般を Panier（バニエ）と呼び、何百年も昔からいろいろな用途で使われていました。摘んだハーブや花を入れたり、薪を切って運ぶためだったり、ピクニック用、赤ちゃんを寝かせておくためのもの、ワインをパニエに入れて注ぐなど。

　生活のありとあらゆる用途にパニエが使われ、様々な地域で作られていて、伝統工芸の歴史も深く、フランス人にはなじみ深いもの。そのため、古いパニエは蚤の市でも人気で、状態の良いものはパリでは年々値上がりしています。

　何百年もの間、ずっと人から人へ何代にもわたり使い続けられているパニエ。室内にあるとどこか懐かしくホッとする空間が演出されます。

　毎年 8 月に南仏プロヴァンスの Vallabrègues（ヴァラブレーグ）という村で籠祭りが開かれ、その職人技も見学することができ、籠好きには見逃せないお祭りとなっています！

Noriko MIURA

day 53

薬草を専門とした老舗エルボリストリ

　パリジャンの生活になじむ薬草専門 Herboristerie。店内は数百種類のハーブやサプリメントなどの植物由来製品、精油、オーガニックコスメなどが所狭しと並んでおり、ハーブや精油の香りが漂っています（外からでもわかるくらいに！）。現地の人達はよく「ここはまるでアリババの洞窟のようでワクワクする！」と言います。エルボリストリに来れば体の不調を何でも相談できて、その解決策を提案してもらえます。来ることが健康への第一歩。皆さんそういった意識で訪れるのです。

　フランスは医療制度も整っているのは間違いありませんが、困ったことがあってもすぐにお医者さんの予約が取れなかったりすることもしばしば。また、薬になるべく頼らずに自然な形で健康になりたいと考える自然派思考の人も増加傾向にあります。

　エルボリストリは古くから老若男女問わず頼りにされている大切な存在です。

Kaori UMEYA

day 54

パリ植物園を散歩

　パリにはいくつも大きな公園があり、気軽に自然と親しむことができます。カフェもいいけれど、天気の良い日は日向ぼっこやサンドイッチ片手にピクニックをするのがみんな大好き。

　私が特に好んで行っていたのがパリ植物園。以前は近くに住んでいたということもあり、気分転換によく散歩していました。

　お目当ては園内にある薬用植物園。春先になるとたくさんのハーブや薬用植物達を目にすることができます。ここで、植物の写真を撮るのが毎年の楽しみです。

　植物園には、ほかに木蓮の花、様々な種類のバラ、そして見事な桜の木も植えられています。

　そのほか園内には温室や動物園もあり、博物館も隣接しているので、週末は多くの人が訪れます。子供を連れて遊びに来るのにもうってつけです。

　パリの喧騒から離れ、時が経つのを忘れてしまいます。

Kaori UMEYA

day 55

スキンケアは芳香蒸留水と天然オイルで十分

　フランスの生活で食や身の回りがシンプルになりました。もしかしたら「十分に満たしてくれるシンプルなもの」が気軽に手に入るからなのかなと思っています。

　芳香蒸留水（Hydrolat）、ハーブウォーターとも呼ばれる植物の蒸留水は、スキンケアに欠かせません。蒸留の際にハーブの成分が溶け込んで含まれており、優しいハーブの香りも残っています。

　肌の調子や気分によってたくさんの種類の中からお気に入りを見つけてみてください。ハーブウォーターの後は、植物オイルを少量手にとって、手のひらで優しく肌を包むようにつけます。

　天然の植物オイルはベタつきを残すことなく肌へ深くなじんでくれます。アルガンオイル、サボテンの実オイル、マカダミアナッツオイル、ホホバオイルなどとオイルもたくさん選択肢があるので、エルボリストリや薬局、オーガニックショップもチェックしてみてくださいね。

Kaori UMEYA

day 56

ロワールの古城巡り

　私が暮らしているロワール地方は、ロワール川沿いに現存する数々の古城が有名な場所です。ユネスコの世界遺産にも登録されており、たくさんの観光客が訪れます。

　古城巡りの拠点となる都市、トゥールまでは、高速鉄道の TGV でパリから1時間ほどで行くことができます。

　ロワール地方の古城の中で最も大きな城がシャンボール城です。山が多い日本の風景とはまた違った、平坦に続く、どこまでも見渡せるような壮大な敷地。お城の重厚感と絵画を観ているかのような風景に息を飲みました。お庭も素晴らしいです。

　こんな歴史を感じられる場所でも、普通の公園と同じように過ごすことができます。ピクニックをしたり、犬のお散歩をしたり、本を読んでお昼寝をしたり。本物のお城も日常の風景に溶け込んでいるなんてフランスらしいなと感じる風景です。

Kaori UMEYA

day 57

パリジェンヌのおしゃれとは

　欧州連合統計局、Eurostat（ユーロスタット）の調査では、フランス人女性が一年に服飾にかける金額は 668 ユーロ。対してイタリアは 1000 ユーロだそうです。

　この金額では、もちろんブランドのバッグや靴を買う余裕などなく、古着やプチプラの洋服をうまく駆使しておしゃれを楽しんでいます。男性はフランス人全体の 3 分の 1、女性は 2 人に 1 人が日常的に古着を愛用しているそう。

　「ノンシャラン」は、無造作という意味。パリジェンヌのおしゃれを表現する時に必ず出てくるキーワードです。ボサボサのままの髪、シャツを第 2 ボタンまで開けて着たり、真冬でも、買い物からそのまま帰ってきたみたいな籠バッグを持っていたり。

　おしゃれに全く気を使っていないようで、実はきちんと計算されています。流行は意識しても流されることなく、似合わないものには手を出さない、この絶妙なバランス感覚がパリジェンヌのおしゃれの真骨頂（しんこっちょう）かもしれません。

Hiro MORITA

<u>day 58</u>

パリジェンヌはノーメイクなの？

「朝起きたらまずはクリームで肌を整えて、あとはたまにマスカラするくらいかな。ファンデーションは絶対しません」というパリジェンヌのメイク事情。

　確かに、街にいる人々はファンデもリップもしないノーメイク派が多数。そんなパリジェンヌのメイク事情に異変が！

　最近街で見かけるパリジェンヌはファンデーションを<u>塗って</u>、しかもアイメイクまでしている人が多い。中にはチークまでしている人もいます。

　チークなんて、外国人旅行者、撮影後のモデル、あるいは往年のマダムがポンパドール夫人風の薄いピンクをしている以外パリの街で見かけたことがなかったので新鮮に映ります。

　とはいえあくまでもナチュラルを信条とするパリジェンヌ。一昔前、若い世代を中心に日本で流行ったようなおてもやん風の赤チークとかではなく、骨格に沿ってブラウンをのせるといった感じです。

Hiro MORITA

day 59

カフェでファッションチェック

　朝仕事に行く前に一杯、昼食後カウンターでエスプレッソを一杯とフランスの生活で、カフェはなくてはならない存在です。フランス人の多くがカフェは大切な社交の場として考えていて、定期的にカフェに行くと答えています。

　友人と近況を話し、恋人と愛を語り、時には出会いの場になるカフェ。待ち合わせにも頻繁に使われていて、どこのメトロの駅の前にも大抵カフェがあります。2ユーロ前後と手軽な値段でコーヒーを飲めるのもうれしい限り。

　そして真冬以外、みんなが好んで座るのがテラス席です。タバコが吸えるという理由もさることながら、人間ウォッチングできるというのが魅力。そう、辛辣なパリジャン達はテラス席で街ゆく人を見ながら、かなり辛口なコメントをしています。

　旅行者ももちろんその対象。パリでは知らないところでファッションチェックされていることをお忘れなく。

Hiro MORITA

day 60

トレンチコートを着て街に

　パリの街にはトレンチコートが似合います。アヌーク・エーメ、カトリーヌ・ドヌーブ、シャルロット・ゲンズブールと昔も今もトレンチコートが似合うアイコン達が。時には襟を立ててコンバースのシューズを履いて、時にはスリップドレス一枚でまるで中は何も纏っていないかのようにトレンチを着ています。

　イギリス軍がトレンチと呼ばれる塹壕で戦う際に着ていた軍服が起源で、今でもイギリス発のブランドのシグニチャーアイテムでもありますが、なぜかロンドンよりもパリの女性のほうがトレンチが似合う気がします。機能的であり、マスキュランでありながらスタイリングによってはフェミニンに着こなせる、幅の広さがパリジェンヌに愛される理由でしょうか。

　真冬と真夏以外、パリに来る時はぜひスーツケースにトレンチコートを忍ばせておくことをおすすめします。日中の寒暖差が激しい春と秋はとくに重宝すること間違いありません。トレンチを着こなせば、パリの街になじみます。

Hiro MORITA

day 61

ヴェルサイユで気軽に収穫体験

　パリ市内から車で 20 分。ヴェルサイユ宮殿の近くに、約 60 ヘクタールもの農場「Cueillette de gally（キュイエット ド ギャリー）」があります。旬な野菜や果物が、ほぼ無農薬で育てられていて、好きなものを好きなだけ自分で収穫し、それをレジで量り売りしてもらって持ち帰ることができます。

　入り口に用意されている手押し車を押しながら、畑を散策。頃合いの野菜や果物を収穫して回ります。春はイチゴやラズベリー、夏はルバーブ、レタスなどが美味しいです。また、花畑もあり、畑から直接花を摘みながらオリジナルの花束を作ることも可能。価格もかなり安いです！

　また、近隣にはこの農場が経営するショッピングセンターがあり、新鮮な食材や、ガーデニング用の植物や苗を購入することも可能。カフェで食事もできます。子供から大人まで楽しめる農業体験。春と秋、年に 2 回は行きたいスポットです。

Mami OKAMOTO

day 62

街で見つけるトリコロール

　トリコロールの意味をご存じですか？　トリコロールは直訳すると「3つの色」で、青・白・赤色それぞれは「自由・平等・博愛」を表します。

　そのせいかどうかはわかりませんが、パリの街には、他の国とは違う、深みのある印象的な赤色や青色がよく見られるような気がします。

　天気の良い日は特に目的なくフランス人のように散歩をするのですが、歩きながら街の中でトリコロールを見つけては、上の写真のように国旗に見立てて写真を撮るのが楽しい。トリコロールの写真が撮れた日は、何かいいことがあるような気がして、ちょっといいシャルキュトリやワインを買いがちです。すると不思議、やっぱりいい一日になるのです。

　エッフェル塔や凱旋門、荘厳な建物ももちろんキラキラと美しいけれど、実は自分が日々歩いている日常にこそ、パリの魅力が溢れている気がします。

Mami OKAMOTO

day 63

パリで唯一のオーガニック・フラワーファーム

　パリの東端に位置する 20 区、ベルヴィル墓地の敷地内に、完全オーガニックの
フラワーファームがあります。日系フランス人の Masami さんという女性がオーナ
ーを務めている畑で、5 月頃には、ファームに花が咲き誇ります。

　彼女が丹精込めて育てた花は、不定期に行なわれる即売会で買うことができま
す。また、うまくタイミングが合えば、彼女がその場でダイレクトに花を摘んでブー
ケにしてくれることも。

　以前作ってもらった Masami さんのブーケは本当にいきいきしていて、びっくり
するほど長持ちしました。お手入れの方法も教えてもらったら、1 か月くらい花瓶
の中で綺麗に咲いていました。オーガニックの花は生命力が強いようです。

　花本来の力を最大限に生かしたブーケは、ワイルドであり、繊細でもあり。最終
的にはドライフラワーにして今でも大切に飾っています。

Mami OKAMOTO

<u>day 64</u>

秘密のバラ公園

　パリ3区、シュマンヴェール駅近くの集合住宅の中に、こぢんまりしたバラ公園
があります。公園の入り口にある鍵付きの大きな扉は人を寄せ付けない雰囲気
で、地元でも知る人ぞ知るスポットです。

　実は夜の21時までは扉に鍵はかかっておらず、市民に解放されたれっきとし
た市営公園なのですが、扉があるお陰で人が少なく静かです。

　近くにテイクアウトができる美味しいお店が多く、バラの咲く季節にはここでお
昼ごはんを食べたり、ピクニックをしたり。買い物の合間に通り過ぎるだけでも、す
ごく心が温かくなります。

　本当は教えたくないけれど、場所のヒントを。大通り沿いの「Maison Prisson」
と、サン・ジル通りの「G20」を斜めにつなぐ敷地内です。

　決してガイドブックには載らないけれど、こんな隠れ家的な公園は、住んでいて
よかったなと実感できる、リアルなパリの魅力なんだと感じます。

Mami OKAMOTO

day 65

宝石箱のようなブティック、ボントン

　おしゃれなフランス人ママとキッズが通う、パリ発の子供服&ライフスタイルブランド、BONTON。

　パリらしいカラフルな色使いと遊び心のあるスタイルの子供服は、0歳〜12歳サイズまで揃い、パリっ子をはじめ世界中に愛されています。

　特に手触りのよい乳児用の可愛い洋服は、出産祝いのギフトにぴったり。フランス国内外から集められた子供雑貨や絵本、おもちゃやアクセサリーなども並び、お誕生日のプレゼント探しにも。

　最近はオリジナルのフレグランスやキャンドル、インテリア家具も展開しています。街を歩くとよく見かける、おしゃれママ達が肩から下げている小さな星柄の布製エコバッグは、ここボントンのオリジナルショッピングバッグ。お買い物をするとこの袋に入れてもらえます。子供も大人も笑顔で楽しめる、ワクワクが詰まった宝箱のようなブティックです。

Yui TANIGUCHII

day 66

フランス人の憩いの森

　パリには西と東に大きな森があります。

　東部の郊外にある Bois de Vincennes(ヴァンセンヌの森)は、メトロやバスでも行きやすく、敷地内にはお城や動物園に水族館、花公園にアスレチック広場、奥には農場まであり、中でもおすすめなのは、森の入り口にある大きな湖を囲んだ、緑豊かな公園です。

　湖には貸しボートがあり、ゆっくり1時間ほど、手漕ぎボートで一周できます。湖には白鳥や野生のカモがたくさん泳いでいて、春になると、赤ちゃんを連れた鳥の親子の微笑ましい光景を見ることもできます。島にある鍾乳洞付近では、カメがお昼寝をしている姿に出会えることもあります。

　お天気の良い日にお弁当を持って、芝生の上でピクニックをしたり、小川の流れる森の奥をジョギングやサイクリングしたり。春には移動遊園地、冬にはサーカスもやってきます。休日を家族や友人と過ごすフランス人の憩いの場です。

Yui TANIGUCHI

day 67

マミー・ガトーの自家製ケーキ

　セーヌ左岸の老舗デパート Le Bon Marché から歩いて数分、自家製ケーキで有名なサロン・ド・テ Mamie Gâteaux。中に入ると、昔ながらの素朴なアンティーク雑貨に囲まれた暖かい空間が出迎えてくれます。

　フランス家庭の食卓に並ぶような野菜のキッシュやサラダなどのランチを始め、カウンターには、メレンゲたっぷりのレモンタルトにガトーショコラ、キャロットケーキなど、おばあちゃんのレシピで作られたような伝統的なケーキや焼き菓子がずらりと並んでいます。

　店内は常連のマダムやパリジェンヌで賑わい、お昼休みのムッシュー達がワイン片手にケーキを注文する光景にほっこり。フランス人は男性でもデザートまでしっかり食べます。

　日仏夫婦がオーナーですが、古き良きフランスの味とセンスを受け継ぐ、フランス人に愛される、おばあちゃんのおうちのようなお店です。

Yui TANIGUCHI

<u>day 68</u>

ジャルダン・ダクリマタシオンで休日を過ごす

　パリ西部のブーローニュの森にある Jardin d'Acclimatation（ジャルダン　ダクリマタシオン）は、1860 年にナポレオン 3 世によって作られた由緒ある公園で、一年中、子供連れの家族で賑わう緑豊かな遊園地です。

　子供達が大好きなメリーゴーラウンドや空中ブランコ、ジェットコースターなどのアトラクション、最寄駅と園をつなぐ小さな機関車や、羊やヤギ、うさぎがいる小さな動物園もあり、馬やラクダにも乗れたり、動物とふれあうこともできます。春になると花が咲きこぼれ、園内を自由に歩き回るクジャクやカモを追いかける子供達の姿も。昔ながらの人形劇ギニョルや演劇、ワークショップなども時間制で行なわれています。

　我が家のお気に入りは、小さな川を家族で船に乗って渡るアトラクション。緑の香りとせせらぎの音、木漏れ日のトンネルを抜けて、穏やかな時間に心から癒されます。

Yui TANIGUCHII

day 69

PTA 会はワイン片手に

　フランスの学校は、9 月に始まり翌年の 7 月上旬にその学年度が終了しますが、始業式や終業式もなければ、入学式や卒業式もありません。

　唯一のイベントといえば、年度末に行なわれる Kermesse という学園祭。教員と保護者が主催し、軽食販売や、校庭でゲームや催し物の企画、子供達によるアート作品の展示や合唱の発表があったりもします。

　運動会や授業参観などのイベントのないフランスで、唯一、保護者同士が交流できる機会ですが、残念ながらすでに学年末なので最初で最後。

　ちなみに、娘が通っていた私立の小学校では、隔月くらいで保護者が夕方から集まり、PTA 会議のような場が設けられていましたが、必ず最後は誰かが持ち寄ったワインでアペロタイム（夕食に一杯飲む時間）に。教室で大人がワイン片手に夜遅くまで学校の運営を話し合うなんて、私にとってはそれが驚きで忘れられないイベントでした。

Yui TANIGUCHII

day 70

パリの貴婦人・エッフェル塔

　早朝の朝靄の中に浮かぶエッフェル塔。パリに何年も住んで何百回と見ているのに、見飽きないこの風景。世界中の誰もが知っていて、これを見たらすぐにパリだ！とわかる。そんなフランスの、パリの象徴ともいえるこの塔の名前は、設計者ギュスターヴ・エッフェルに由来しています。

　エッフェル塔が完成したのは 1889 年のパリ万博の時。当時は金属でできた奇抜な外見に賛否両論でした。当時世界で一番高い建造物だったこともあり、多くの観光客が押し寄せたとありますが、それは 100 年以上経った今でも同じで、観光客が訪れない日はありません。

　塔に登って上からパリを見下ろしてみましょう。足元にセーヌ川とシャン・ド・マルス公園の緑、軍の学校、エコール・ミリテールなどパリ左岸の街並みが広がっています。奥に広がる緑の一帯は Bois de Vincennes（ヴァンセンヌの森）です。

Maki KINAKA / Photo by Yusuke KINAKA

day 71

シテ島の花市

　右岸と左岸の真ん中を流れるセーヌ川に浮かぶ小さなシテ島。この島には毎日開く常設の花市場があって、「シテ島の花市」として昔から有名です。

　この花市場ができたのは 1809 年、今から 200 年以上も前のこと。昔は街中に花屋さんがなかったそうで、貴族達が家に花を飾るためにここまで買いに来ていたとか。果樹木専門店や蘭ばかりを扱っているお店など、それぞれのお店に特徴があります。現在は切り花よりも鉢物がメインとなり、鉢や土、その他園芸用品なども一緒に売られています。季節が変わる頃は、プランターに入れ替える花を探す人達で賑わいます。

　パリは庭がない家がほとんどで、アパルトマンにバルコン（バルコニー）があると羨ましがられる、そんな街なので、家の中に観葉植物、花鉢、切り花を飾る人が本当に多いのです。この歴史ある花市場は、もう少ししたら改装工事に入る予定とのことです。

Maki KINAKA / Photo by Yusuke KINAKA

day 72

ポン・デザール芸術橋

　芸術の宮殿と呼ばれるルーブル宮殿（現ルーブル美術館）前に架かるこの橋は、石でできた橋が多いパリの中で初めてとなる、金属製の橋として誕生しました。サン・ジェルマン・デ・プレにある国立美術学校（Ecole Nationale Superieure des Beaux-Arts）につながっており、その名の通り芸術をつなぐ橋です。日が長い夏の頃は、友人同士で集まってワインを飲んだり、ギターを弾く人、手を握り合うカップルなどで橋の上が賑わいます。

　また、一時期は「南京錠の橋」として有名になりました。恋人同士が永遠の愛を誓って南京錠を柵にかけ、その鍵をセーヌに投げ込む、というのが大流行したことで、全く隙間がないほど、柵に南京錠がぶら下がってしまったのです。案の定柵が破損してしまい、重い愛が橋を壊す、と新聞記事に。

　柵の代わりにガラス板に囲まれていますが、昔も今も変わらず市民に愛される憩いの橋であることに変わりはありません。

Maki KINAKA / Photo by Yusuke KINAKA

day 73

ムーラン・ルージュ

　パリ18区モンマルトル地区の入り口、メトロのブランシュ駅前にある赤い風車が目印のお店、Moulin Rouge。夜は赤く妖しいネオンが灯り、風車の羽根がゆっくり回るのを背景に、観光客や地元の人がカメラを出して写真を撮る姿をよく見かけます。

　歌やダンス、特にフレンチカンカンのショーが有名なムーラン・ルージュは、1889年、ベルエポック（19世紀末から20世紀初め、パリに新しい文化や芸術が栄えた時代）にスタートし、時代を彩ってきました。

　食事やシャンパンを頂きながら、美女のレヴュー（歌や踊りのショー）を観るのが伝統のスタイル。その昔、お店に通いつめて、ダンサーをモデルに多くのポスターを描いたことで知られる画家ロートレックの作品が今も店内に飾られています。フレンチカンカンはムーラン・ルージュのオリジナルで、初めてお披露目された日から今日までほぼ毎晩、舞台で上演され続けています。

Maki KINAKA / Photo by Yusuke KINAKA

day 74

チョコ愛が強いフランス人

　朝は早起きしてカフェで朝ご飯を。定番はカフェとタルティーヌ（バゲットにバターやコンフィチュールを塗ったもの）ですが、ちょっと贅沢したい時はやっぱりパン・オ・ショコラ！　フランス人は質素で堅実なので、毎朝クロワッサンを食べるわけではありません。バゲットなら1本で家族全員分まかなえて1ユーロちょっと。クロワッサン1個と同じくらいの値段だからです。

　スペシャル的存在なパン・オ・ショコラは、バターたっぷりのフィユテ生地に棒状のチョコレートが2本入り。焼き上がりをカットした時、チョコレートの茶色が2か所です！　友人のフランス人は、ある日食べたパン・オ・ショコラにチョコレートが1本しか挟まれていなかった！と、買ったパン屋さんへ戻って苦情を申し立てていました（笑）。その後、新しいものをもらって満面の笑みで齧りながら戻ってきました……。ちなみに、バゲットにバターと板チョコを挟んだものは、永遠のGoûter（おやつ）として子供に一番人気です。

Maki KINAKA / Photo by Yusuke KINAKA

day 75

パリっ子に大人気のシンヤ・パン

　18区モンマルトル地区に去年夏にできた Shinya Pain Montmartre は、日本人のパン職人、稲垣信也さんがひとりで切り盛りしているブーランジュリー。

　その香ばしい茶色の塊を嚙みしめると、穀物の香りと甘さが口いっぱい広がり、お供は最高においしいバターと白ワインだけで充分。もうパンだけで完成されているパンなのです。

　ペイザン・ブーランジェ（Paysan boulanger／小麦作りからパン作りまでの工程をすべて行なうパン屋のこと）農家へ出向き、寝食を共にしながら、たくさんの経験を積んで今のスタイルに辿り着いたシンヤ・パン。彼がパンに使うのは、自身も魅せられた古代小麦。古代小麦はスペルト小麦とも呼ばれる原種で栄養価も高く、グリアジンが少なくアレルギー症状が出にくいそう。グルテンフリー派の人でも食べやすいと人気です。

Maki KINAKA / Photo by Yusuke KINAKA

<u>day 76</u>

春から初夏のシェーブルチーズ

　春から初夏にかけて、フロマージュリーではたくさんのシェーブルチーズ（Fromage de chèvre）を見かけます。春先に出産シーズンを迎えるヤギ達からのおすそ分け。お母さんヤギの新鮮なミルクを使って作られたチーズがお店に並ぶのです。

　フランスではシェーブルチーズは季節のチーズとして楽しまれています。ヤギのミルクは高たんぱく、低脂肪、低カロリーで健康に気を遣う人に人気。食にこだわりがある人の中には、チーズはシェーブルしか食べないという人も多いのです。

　ヤギはストレスに左右されやすい動物で、飼料や育てる環境でミルクの味や質がずいぶん変わるといわれており、オーガニックでのびのび放牧されたヤギからとれるミルクは甘く特有の臭みがないそう。

　動物も人間も同じ生き物、フランスの酪農はより良い環境で動物と共存するべく進化中です。

Maki KINAKA / Photo by Yusuke KINAKA

day 77

タルタル・ド・ブフ

　フランスのビストロやカフェでの人気料理にタルタルステーキがあります（Tartare de bœuf と呼びます）。パリっ子も大好きな定番メニューでフランスの伝統料理のひとつでもあります。

　たんぱく質を多く含む赤身肉を使うため、思っている以上にヘルシー。こちらでは年配の女性、特におばあさま方もよく召し上がっています。

　新鮮な牛肉を丁寧にミンチにし、味付けはシンプルに塩コショウとオリーブオイルだけ。薬味としてケッパー、玉ねぎ、ピクルスに自家製マヨネーズなどなど。お店によって薬味はそれぞれ違っていて、以前に食べたカフェでは甘辛いチリソースとコリアンダーに紫玉ねぎが山盛りで、スパイシーな味付けでした。

　付け合わせにはグリーンサラダかフライドポテトをどうぞ！　アッサリしていて食べやすいので、ぜひ試して頂きたいメニューです。

Maki KINAKA / Photo by Yusuke KINAKA

day 78

パリにもサードウェーブ・カフェの波

　パリでもサードウェーブと呼ばれるニューウェーブ・カフェが誕生したのが2015年頃。それ以来、小さなテイクアウトのみのお店も若者に人気で市内にどんどん増えました。

　そんなカフェでは、カフェ・クレームも「ラテ」という呼び名に変わり、日本人になじみのあるアイス・ラテや美味しいドリップコーヒーも飲めるようになったのがうれしい限りです。キャッシュ・オン・スタイルのお店がほとんどで、注文時にバリスタと今日のおすすめコーヒー豆や焙煎の話ができたりするのも、新たな楽しみのひとつ。それとカップに素敵なラテ・アートをしてくれるのも普通になりました。

　同じ頃、抹茶ラテもブームになり、今ではすっかり定番メニューのひとつになっています。こちらでもマッチャと発音します。オヤジカフェもいいけど、豆にもこだわったサードウェーブ・カフェもおすすめです。

Maki KINAKA / Photo by Yusuke KINAKA

day 79

蚤の市のススメ

　世界中で有名なフランスの蚤の市。値段も交渉して決まるし、本当に良いものかどうかもわからないし、となかなか買うのは難しそう。しかも、店員さんは何でもかんでも「18世紀の皿だ！」と言うのです。

　そんな蚤の市を敬遠していたある日、フランス人の友達と蚤の市でカッコいいお皿を発見。彼女は、店員さんに「え？　これが18世紀？　そうは思わないな～」と半額交渉からスタート。

　横で見ていた僕は強気な友人に冷や汗でしたが、彼女曰く、「これぐらいでちょうどいい。日本人には余計に吹っ掛けてくるから気をつけて」と。

　さすがに彼女ほど強く言えないまでも、今では交渉もうまくできるようになりました。あまり安く買うのも気が引けますが、気に入ったものを納得のできる金額で買うようにしています。フランス国内では、週末は多くの蚤の市が開催されています。Chinez bien（よい探し物がありますように）！

シ　ネ　ビヤン

Teruki ISHIBASHI

day 80

ゲイ・プライド

　人々が自己の性的指向、性自認に誇りを持つ必要性を訴えるパレード、ゲイ・プライド。パリでは毎年6月最終土曜日に行なわれています。2週間前から、パリ市の中心地マレ地区では6色のフラッグが横断歩道を彩ります。2020年はコロナ感染症のため中止となり、2021年は開催に漕ぎつけたものの、派手な山車（だし）はなく、マスク着用、及びソーシャルディスタンスを保ちながらの行進でした。今年のスローガンは「Plus de droits, moins de blabla（ブリュ ド ドロワ モワン ド ブラーブラー）（話し合いばかりでなく、具体的な行動を！）」でした。

　最近、日本でもよく耳にするようになったLGBTQ+ですが、今年で44回目の開催になるパリでも、まだまだ性差別は根深い問題です。ゲイ・プライドは、とても派手なパフォーマンスも多いのですが、それも性の存在表現のひとつです。一人ひとりが声をあげ、お互いの違いを尊重し理解し合う世界は、LGBTQ+の人だけでなく世界の人々にとっても住みやすいものになるでしょう。

Teruki ISHIBASHI

day 81

パリのとっておきの場所

　長年パリに住んでいても、知らない場所は多いものです。

　パリ3区、マレ地区にあるフランス国立古文書館、別名スービーズ邸。かの有名なバロック期の作曲家シャルパンティエも、ここに住んでいたそうです。

　素晴らしい回廊があり、入り口にガードマンがいますが、荷物チェックさえすれば回廊は無料で、ベンチもあるので、疲れた時はサンドイッチを持ってピクニック感を味わえます。

　もちろん、回廊も充分素敵な場所なのですが、この回廊の右奥にもうひとつ門があり、そこには素晴らしいイギリス風の庭園があります。

　こんなパリの真ん中に、小さな池と、とても静かな庭園があることを知らないパリジャンも多く、連れていくといつも驚かれます。街の雑踏から距離を置ける、とっておきのパリの秘密の場所です。

Teruki ISHIBASHI

day 82

サン・ジャックの塔

　パリの中心、パリ市庁舎のすぐ近くに高くそびえるサン・ジャックの塔。1509 年から 1523 年にかけて建てられた華やかなゴシック様式、サン・ジャック・ド・ラ・ブシュリー教会の鐘楼（しょうろう）です。

　フランス革命の際に破壊され、今はこの塔のみが当時の面影を残しています。

　ここは、スペインのサンティアゴ・デ・コンポステーラへの巡礼者の集合場所であり、出発場所でもありました。また、「人間は考える葦（あし）である」などの多数の名文句を残した、17 世紀の哲学者ブレーズ・パスカルが水銀を使って気圧の変化を実験した場所でもあり、塔の入り口には彼の銅像が置かれています。

　長い間、塔に登ることはできませんでしたが、数年前から定期的にガイドツアーが催されています。

　パリの中心でこれほど高い建物はないので、素晴らしい古都パリを実感できる場所となっています。当時の巡礼者もこの眺めを美しいと感じたのでしょうか？

Teruki ISHIBASHI

day 83

オートクチュール刺繍に魅せられて

　オートクチュール刺繍とは、主にフランスのオートクチュール・コレクションにて、ビーズやスパンコールなどの様々な素材をいろんな技法で刺繍していく豪華で華やかな刺繍の総称になります。

　代表的なのは「クロシェ・ド・リュネビル」と呼ばれる、かぎ針を使用して、ビーズやスパンコールをふんだんにつける技法。リュネビル刺繍は、1810年にフランス北東部のリュネビルという街で誕生したため、この名前がついています。クロシェ（かぎ針）を使いこなすには練習が必要ですが、慣れてくるとビーズの連続刺しなどにはなくてはならない存在です。普通の針でひとつずつビーズをつけていくのとクロシェとでは、速度に雲泥の差がでます。

　デザインをトレースした生地をメティエと呼ばれる刺繍枠にセットしたら、オートクチュール刺繍の準備完了！　毎回クロシェを持つだけでワクワクします。時間はかかりますが、とても達成感のある特別な刺繍です。

Kaori KONISHIKAWA

day 84

朝のカフェ時間

　まだ街に静けさの残る、朝のカフェが好きです。私がよく利用するのは、パリ2区に位置し、メトロ3番線のブルス駅すぐそばの、Vaudeville。目の前には、ブルス広場とパリ旧証券取引所があるため、大きく開けた視界に開放感があるのもお気に入りの点です。

　創業100年を超す歴史あるカフェで、パリのカフェのシンボルともいうべき、籐を土台にカラフルに編み込まれたビストロチェアが並ぶ、いかにもパリらしい雰囲気のカフェです。サーブするギャルソンもピシッと決めていて素敵です。

　ここのテラス席に座り、Café allongé と、日によってはクロワッサンかパン・オ・ショコラをオーダーします。ゆっくりコーヒーを飲みながら、会社へ向かう人、広場でマルシェの準備をしている人、カフェで思い思いの時間を過ごす人達を眺めるのが好きです。

Kaori KONISHIKAWA

day 85

パリの隠れ家レストラン

　パリの中心からは少し離れた 20 区、ペール・ラシェーズ墓地の隣に位置するレストラン、Caché（隠れ家）。住所をもとに現地に到着すると、Villa Riberolle と呼ばれる私有道が見え、その石畳の道を 50 メートルほど歩いた突き当たりを左に曲がったところにその店はあります。

　あまりにプライベートな雰囲気なため、ここで合っているのか不安になりますが、大丈夫です。オープン前からすでに待ちきれない予約者で静かな私有地が少し賑やかになっており、開かれていない門の先に見える中庭の美しさに自然と期待値も高まります。

　料理は、フランス南部出身のシェフが、生まれ故郷の地中海周辺のメニューを、魚をメインとして提供しています。味はもちろんのこと、素材の新鮮さ、見た目の美しさ、そして何より中庭の美しさを堪能できます。

　大人気のため予約必須で、滞在時間は 2 時間制とのことです。

Kaori KONISHIKAWA

<u>day 86</u>

パリの青空

　パリは東京に比べると街の規模が小さく、東京の山手線内より3割ほど広いくらいの面積とはよく聞く話。随分歩いた気がしても、5キロメートルもないようなことがよくあります。そのため、パリの街は散歩に適しており、パリっ子はよく歩くので、他の都市に比べあまり太った人がいないのかもしれません。

　街を歩くと、可愛いカフェやブーランジュリー、素敵なアパルトマンの窓辺に咲く花々やその色の合わせ方のセンスなど、毎日何かしらの感動と刺激を受けることができます。

　パリの美しい街並みにマッチするのが空の美しさ。高い建物があまり多くないため、青空と街のコントラストの美しさに目を奪われ、思わず立ち止まることもしばしばです。

　パリといえば、いくつもの飛行機雲が特徴的ですが、この日は本当に美しいひつじ雲が広がっていました。日々表情の異なる青空もひとつのスペクタクルです。

Kaori KONISHIKAWA

day 87

週末旅 リールとアミアン

　フランス国内の街おこし的な蚤の市で一番有名なのは、ヨーロッパ1ともいえる規模の、年に一度の Lille の 48 時間蚤の市。リールはパリの北東、ベルギーとの国境に近い都市です。蚤の市のプロのようなフランス人の知り合いに教えてもらって何年か通い、友人とお店を出したこともあります。しかし、この蚤の市、有名になりすぎてまっすぐ歩けないほど混むようになってしまい、近年はリールの手前のアミアンの年に 2 回の蚤の市（La Grande Réderie d'Amiens）に行くようになりました。パリから電車で 2 時間ほどで日帰りできますが、少し小規模のアミアンのほうが気楽な気がします。パリの蚤の市に比べたら安いし、知り合いにアミアンで遭遇することも多く、それも楽しい。朝 5 時から始まりますが、私は買い付けのプロではないので、朝 9 時にアミアンに到着。お昼には、フリットを頂いて夕方の電車でパリ北駅に戻り、戦利品に思いを馳せながら、駅の近くでアペリティフ。充実の週末の完成です。

Ayumi SHINO

day 88

モンマルトルのアパルトマン

　パリに住み始めてアパートを探していた時、外国人で、当時は収入のない学生という身分だったこともあり、審査に落ちまくっていました。

　ご縁があってモンマルトルのアパルトマンを借りられることになったけれど、当時、古き良きパリともいわれるモンマルトルに全く興味がありませんでした。というのも、パリの中心から近い、人気のマレやバスティーユに住みたかったのです。

　しかし、大家さんから「住めば住むほどにこの界隈が好きになるわよ」と言われました。確かにゆったりと時間が流れる小さな村のような雰囲気も楽で、時間が経つほどにモンマルトルに魅了されていきました。今ではここを離れる気になれません。サクレ・クール寺院を中心に、ぶどう畑や、ルノワールも住んでいたモンマルトル美術館があります。休日に散歩をすれば観光客気分も味わえます。何より美味しいレストランやカフェも、中心地のように行列ができるほど激混み、ということはないのです。

Ayumi SHINO

（ 160 ）

day 89

屋根の上から見ると個性豊か

　2500年以上の歴史を持つパリ、いつでもどこを見ても統一された素敵なアパルトマンや Immeuble（建物）イモーブル。パリは、凱旋門を中心とする8つの通りから広がっていて、建物の外観に統一感を持たせ、建築物の高さを制限することで街をいつまでも美しく保っています。そんなパリですが、アパルトマンの入り口から、一歩中庭に入ると！　まるで別世界が広がっているのです。

　国の法律で、表に面した外壁をたとえ所有者だとしても壊すことが禁じられていて、昔のままに維持しなくてはならない……そうなると家主は昔からある中庭や屋根の上を個性豊かに大工事していることが多いのです。

　芝生を敷いてテーブルを置き、自然を感じながら食事やお茶を楽しむ家があったかと思えば、ここはアメリカ西海岸？と思わせるモダンな作りの家にプールがあったり。週末には音楽をかけてパーティーをする家もあります。パリの屋根上訪問も楽しみのひとつです。

Morimitsu MIYAMOTO

day 90

製菓用資材の聖地

　今日は私がよく行く製菓用資材店のご紹介。

　場所はエチエンヌ・マルセル駅からほど近いレ・アール地区。昔はここに中央市場があったため、現在も周辺には料理器具や業務用食器などを取り扱うお店が立ち並んでいます。パリの合羽橋ですね！　この一角のモンマルトル通りにMORA（モ ラ）というお店があります。

　ここは製菓に携わる人にとっては"聖地"のような場所で、世界各地のパティシエや製菓学校の学生達が訪れるお店としても有名です。

　初めてこのお店に行ったのは、まだ日本で製菓学校に通っていた頃。商品の多さに大興奮、狭い店内をウロウロすること1時間以上で、結局何を買っていいかわからなくなり、翌日もう一度行ったという今では笑える思い出があります。20年経った今でも訪れるたびにワクワクするお店なのです。

Maki KINAKA / Photo by Yusuke KINAKA

day 91

ヴィンテージショップ

　パリジェンヌってヴィンテージが大好きだよなあ、と彼女たちの着こなしを見ていると感じます。ハイブランドの洋服にさりげなくおばあちゃんから譲り受けたアクセサリーを合わせたり、ミックスコーディネートが本当に上手です。

　フランス人はもともと年代物に価値を感じる人が多い上に、ものを大切に長く使う人が多いのでヴィンテージショップは身近な存在です。皆それぞれお気に入りのお店があるようで、掘り出し物や一点物を見つけるために定期的にチェックに行っている様子。

　流行だからと皆と同じ服装をするのではなく、自分が好きで心地よく素敵に見えるものを知っている。

　彼女達のようにササっとさり気なく素敵に着こなしてみたい！　目指せ、ちょっぴり和風なパリジェンヌ！

　今日もおしゃれ番長に教えてもらったお店に張り切って足を運びます！

Maki KINAKA / Photo by Yusuke KINAKA

day 92

オペラ・ガルニエ

　バレエやオペラを鑑賞できるパリのオペラ座、オペラ・ガルニエ。

　建物にはモーツァルトやロッシーニなど多くの音楽家の像が飾られ、まさに芸術のための館です。前を通りかかる度に、いつ見ても本当に綺麗だなあ、と思わずにはいられません。

　建物はナポレオン3世の統治下の1861年に着工。Charles Garnier（シャルル ガルニエ）により設計された、繊細な彫刻が施（ほどこ）された豪華絢爛な装飾が特徴です。

　待ち合わせの場所によく使われたり、前階段では本を読む人が佇むなど、市民にも親しみのある建物。小道具の蜂箱を屋根に設置したらミツバチが訪れるようになったので、本格的に養蜂箱を設置。採れたハチミツは瓶詰めされ、「オペラ座の屋上で収穫されたハチミツ(Le Miel Récolte sur les tuils de l'Opéra de（ラ ミエル レコルト シュル レ トゥワ ド ロペラ ド）Paris）（パリ）」としてオペラ座内のお店やフォションの店舗で販売されています。

Maki KINAKA / Photo by Yusuke KINAKA

day 93

露店書店のブキニスト

　セーヌ川岸を囲むように軒を並べる緑の覆い。

　天気のいい午後になると、この覆いがパッと開き、古い雑誌や書籍、ポスターや絵画、ポストカードなどが並ぶお店に早変わり。これが、パリ・セーヌ川の露店書店（古本だけですよ）、17世紀からパリの風物詩として有名な Bouquinistes です。

　登録書店 226 軒が所有する約 1000 軒の店は世界遺産に登録されています。昔、これらのお店はヌフ橋の上にあったそう。でも、車の往来が激しくなり、撤去を余儀なくされて、セーヌの川岸に移動することに。

　秋、枯れ葉をカサカサ踏みしめながら散歩する時に、観光客に混じって古いモード誌のポスターを見て歩くのは楽しいひととき。

　端から一通り見たら、ボナパルト通りの角にある Café des Beaux-Arts で温かいショコラショーを楽しみましょう！

Maki KINAKA / Photo by Yusuke KINAKA

<u>day 94</u>

よみがえったサマリテーヌ

　16年ぶりによみがえった老舗デパートの La Samaritaine。一時閉店になる前の営業していた頃を知っているのですが、セーヌ川を一望できる最上階からの眺めが本当に素晴らしく、特に館内にあるレリーフが施された階段が好きでした。

　改装後初めて訪れた時は、その懐かしい階段や美しく修復された壁画の細部を見ることができて大感激！　色とりどりのエナメルタイル、最上階のよみがえった孔雀の壁画はきらびやかで、ガラスの天井までつながる吹き抜けも壮観。豪華なホテル Cheval Blanc Paris も併設されています。

　Pont Neuf 側とは反対のリヴォリ通り沿いには、波上のガラス壁面が美しい新館が建っており、設計は当初から話題になっていた日本の建築ユニット、SANAA が担当。ここには、なんと託児所や公共住宅も入っており、　気に話題の場所となり、またまだ目が離せません！

Maki KINAKA / Photo by Yusuke KINAKA

day 95

ミツバチと共生するパリ

　我が家の小さなバルコンにあるラベンダーやジャスミンの花鉢に、4月上旬辺りになると蜜を集めにミツバチがやってきます。フクフクホワホワの毛におおわれた可愛らしいミツバチ達。

　フランスは 2010 年から、近年姿を消しつつあるミツバチを増やすために、蜜を持つ花を道路脇に植える計画など、様々な試みを続けています。パリ市には 700 もの養蜂箱があり、たくさんの養蜂家がいて、2012 年には公園での農薬使用を禁止、着々とミツバチとの共生を進めてきました。大きな公園やオペラ座、オルセー美術館、パリ造幣局などの屋上には養蜂箱が設置され、養蜂家がお世話をしています。

　収穫したハチミツは毎年近所の Fête du miel（ハチミツ祭り）で販売されるのです。私が買ったこのハチミツ、もしかしたら我が家に来たミツバチのハチミツかも？と思うと、やたら有難く……。大切にヨーグルトにかけて頂きました！

Maki KINAKA / Photo by Yusuke KINAKA

day 96

カンヌ

　南フランスの窓口となる街 Nice（ニース）。せっかくここまで来たんだし、Cannes（カンヌ）にも久しぶりに寄ってみたい！

　列車に乗ること1時間弱でカンヌに到着。ここは毎年6月になるとカンヌ映画祭も開催される有名な街。カンヌ駅から海に向かって歩いていくと、右手にマリーナが。グルっと囲むようにクルーザーがたくさん停泊しており、一気に気持ちも上がってリゾート気分！

　カンヌ映画祭の会場となるコンベンションセンターを越えると、海岸線が目に飛び込んできます。海を見ながらビーチ沿いのクロワゼット通りを歩くと、海風が気持ちいい！

　ビーチにはパラソルとデッキチェアが規則正しく並んでいて、誰もいない海に夏の終わりをちょっぴり感じますが、まだまだ日光浴は楽しめそう！　今度来る時は、絶対泊まらなきゃ、と固く心に誓ったのでした。

Maki KINAKA / Photo by Yusuke KINAKA

day 97

ファッション・ウィークのカフェのテラス

　これはオートクチュール・コレクション期間中のカフェでの風景。まるで、ファッション雑誌の撮影シーンのようですが、たまたま通りすがりに撮ったもの。ガラスに映るパリの景色とあいまって、おしゃれで絵になりすぎています（笑）。

　ファッション・ウィーク中は、世界各国のジャーナリストやバイヤー、セレブリティなどが集まって、街は一層華やかな雰囲気になります。

　コレクションは年4回。1月と6月はメンズ、3月と9月はレディースと分かれています。この時期は人気のレストランもいつも満席で、街を歩いていると雑誌で見かける各国のおしゃれ番長達とすれ違うし、普通に暮らしている私達もなんとなく浮き足立ったりしてしまいます。

　ショー会場近くのカフェでお茶をしていたら、映画『プラダを着た悪魔』のモデルになった編集長が、隣の席にいたりするかもしれませんね。

Maki KINAKA / Photo by Yusuke KINAKA

<u>day 98</u>

パリ中の本好きが集まる蚤の市

　蚤の市には特定の商品、切手だけを扱う切手市や古本だけを扱う古本市があります。15区の中でも14区との境目近くにあるジョルジュ・ブラッサンス公園は、かつて食肉解体場だったそうで、今もその名残の鉄柵や屋根などが残されています。この屋根の下で毎週末開かれる古本市は有名で、朝早くから本好きの老若男女が集まり賑わっています。

　取り扱われている本は、書籍、図鑑、画集、写真集に料理本、漫画から子供の本まで、あらゆるジャンルの本があって見ていて飽きません。

　私は動物が主人公（例えばロバや猫など）の絵本が好きで、古っぽい色合いの可愛らしい本を探して何時間もウロウロしたことがあります。ここは全体的にいつ行っても和やかでのんびりムード。今は売られていない絶版本も時には見つかるので、本好きの人は必見です。

Maki KINAKA / Photo by Yusuke KINAKA

day 99

フランス人はアプリコットが大好き

　フランス人はフルーツ好き。値段も高くないので、毎日数種類のフルーツを食べている人が多いようです。

　フランスに来ていいなぁと思ったことのひとつは、搾りたてのジュースを普段から飲めること。毎朝ジューサーや搾り器でオレンジやグレープフルーツ、レモンなどをジュースにしてよく飲みます。オレンジは食べるためのものとは別に、ジュース用が売られており小ぶりで皮が薄めです。大きな Sac（袋）に入ってキロ単位で、安く売られているので、気軽にフレッシュジュースを作ることができるのです。熟したものはコンポートに。よく焼き込んでお菓子にも使います。

　アプリコットもフランス人が大好きなフルーツのひとつで、完熟するとトロトロでねっとりした美味しさがなんとも言えません！　皮を剥いてタルト台に並べて焼きあがったら、シロップと種を一緒に炊いたものをハケで塗ってツヤ出しを。こうすることでよりアプリコットの香りがして美味しくなります。

Maki KINAKA / Photo by Yusuke KINAKA

day 100

ヴァンドーム広場

　ラグジュアリーなジュエラーが軒を連ねるヴァンドーム広場。

　広場の形は八角形で、2021 年に 100 年を迎えたシャネル No.5 のボトルもそこからインスピレーションを受けたといわれています。

　広場の中心には 1702 年建造のオステルリッツ記念柱が建っています。最初に飾られていたルイ 14 世像はフランス革命で破壊され、その後ローマの方向を向くナポレオン像が飾られ、今も広場を見渡しています。

　我が家からヴァンドーム広場まではほどよい距離で、お散歩の折り返し地点。なかなか店舗に入る機会はありませんが、世界最古のジュエラーや世界最古のオーダーメイドシャツ店が立ち並ぶこの辺りは、ウィンドウのディスプレイを眺めるだけでも楽しいエリアです。クリスマス時季になるとリッツ・パリから山小屋風（クリスマスシャレー）の屋台がヴァンドーム広場に登場し、ホテルメイドのショコラショー、温かいスイーツや焼き菓子が販売されます。

Maki KINAKA / Photo by Yusuke KINAKA

day 101

往年のパリを旅しているようなお店、マラン・モンタギュ

　6区の静かなリュクサンブール公園のすぐそばに往年のパリを旅しているような素敵なブティック、Marin Montague（マラン モンタギュ）がオープンしました。お店の中はまるで蚤の市に来たよう！　ワクワクが止まりません。居合わせたフランス人マダムもニコニコしています。

　「往年のパリを旅しているようなお店を作るのが夢だった」というオーナーのマランはイラストレーター。アンティーク・ディーラーの家庭に育ち、オークションハウスや蚤の市などが大好きだったそうです。彼のイラストをパリで知り合ったアルティザナルの職人とコラボレートさせてオリジナルの商品を作ったり、蚤の市で見つけたものを売っています。

　パリの街が描かれたスカーフやクッションは自分へのパリ土産として。可愛いノートやポストカードはパリ好きな友達へのお土産に。パリで絶対行きたいお店が誕生しました。

Masaé TAKANAKA

day 102

サステナブルを考えてヴィンテージが注目

　ルイ・ヴィトンやディオールをはじめ、ラグジュアリー・ブランドを多く傘下に持つLVMHが未使用の生地やレザーをオンライン販売するマーケットサイトをローンチするというニュースが話題になりました。これによりファッション業界がさらにサステナブルになる方向へ大きく流れるといわれています。

　フランス人は着なくなった服はエマウス（不要品の回収・修理・販売をしているNGO団体）やリサイクルに寄付します。ブロカントで誰かが不要になった服を買うのも抵抗がありません。私がよく行くヴィンテージショップのオーナーは、「一概に毛皮がダメというのではなく、すでに作られてしまったものを大事に着る。新しく作らないこともサステナブル。洋服も、しっかりしたツイードや美しいベルベットなど今では見つからない生地や素材が多く贅沢に使われているものを着ます」と言います。すでにあるものを大事に着るという選択をしてもいいのではないかと思うのです。

Masaé TAKANAKA

day 103

パリの花屋に革命を起こしたドゥボーリュー

　独特のスタイルを持つ花屋、Debeaulieu がパリの人を魅了しています。絵の具のカラーパレットのように美しい花の色のグラデーションと、季節の旬の花とドライフラワーを混ぜた斬新なディスプレイ。今のパリのドライフラワー流行りはこのドゥボーリューから始まったと言っても過言ではありません。

　花屋でありながら、ファッションウィークでのフラワーアレンジメントはもちろん、メゾンとのコラボレーションやブティックのデコレーションなど今までのフローリストとはどこか違うインスタレーションをしてきました。

　それでもブティックに行けば、地元のシックなマダムが花瓶を持って来て、「この花瓶に今週のお花を生けてちょうだい」と注文をしています。いろいろな花がミックスされた独特のブーケは、ドゥボーリュー・スタイルと呼ばれるくらい人気があります。

Masaé TAKANAKA

day 104

セルジュ・ルタンスの香水

　もともと香水はあまり体を洗わないフランス人が体の臭いを隠すために使ったという話は有名です。今でもお風呂はシャワーだけ、シャワーも毎日は浴びないというフランス人。香水は必需品になるわけです。

　私はセルジュ・ルタンスの香水が大好きです。彼は完璧な美学を持つ香水アーティスト。フェミニンというよりは自分を貫く大人の女性、もしくは中性的な男性に合うような媚びない独特な匂いに憧れます。

　ネーミングもポエティック。A la nuit（夜に）という香水には夜に外を散歩していて、ふわっと広がるジャスミンの匂いに魅了され、夜空を眺めたら美しい月が輝いていたというストーリーがあります。香りはジャスミンです。

　フランス人の友人が「香水の香りは愛する人を思い出す暗号のようなもの」と話していて、そんなふうに自分を思い出してくれる人がいたら素敵だなと思っています。

Masaé TAKANAKA

day 105

ドアを開けたら素敵な中庭が

　フランス人の友達が初めてできた時に「散歩をしませんか？」と休日に誘われました。歩きながら建物を眺め、建築の話をする。そして道に面したドアをそーっと開けて中庭を見学します。

　セキュリティコードがあって入れないところが多いのですが、昼間は入れるドアもあるのです。そんな散歩を経験してパリ歩きがより一層楽しくなったのを覚えています。

　仲良くなるとよくホームパーティーやアペロ（アペリティフ。夕食前に一杯飲むこと）に家に呼ばれることが多くなります。なんてことないドアの向こうに小さな中庭があって素敵なお庭、昔馬車を止めていた空間、アトリエ仕様のレトロな建築、美しい階段があったりなど外見とはまた違う美しい中庭を発見できます。

　配達の人や郵便の人が開けたままにしているドアから覗いて面白そうだったりすると「覗いてもいいですか？」と一緒に入らせてもらったりもします。

Masaé TAKANAKA

day 106

レピュブリック広場

　レピュブリックとは共和国を意味し、フランスの正式名称 La République Française（フランス共和国）の共和国を名に冠した場所ということもあり、中央にはフランスの象徴となるマリアンヌ像（フランスを象徴する女性像。フランス共和国の擬人化されたイメージで、自由の女神として知られている）がそびえ立っています。しかし、ここの広場はマリアンヌ像が立っていてフランスの象徴ということもあり、デモ隊が集まる場所でもありました。

　2013年に改装工事が終わり、クリーンで広々としたパリっ子の憩いの場所に生まれ変わり、おしゃれスポットの北マレやサンマルタン運河に行く人の待ち合わせ場所にもなっています。車が入ってこられないのと、つるんとした石畳になったため、スケーターが集う場所にもなり、おしゃれな男の子達がスケートボードに精を出しています。地元の子ばかりでなく、地方からわざわざここに毎週滑りに来るという男の子もいるくらい熱い広場に変化しました。

Masaé TAKANAKA

day 107

サン・マルタン運河の白鳥

　10区のサン・マルタン運河が BOBO（ブルジョア・ボヘミアンの略）達に人気が出てきたのは 20 年前。Chez Prune を目印に、可愛い雑貨屋ができ始めました。今はレストラン、パン屋、カフェなどがたくさんできて、パリで好きな場所にあがるほどの人気です。

　お天気のいい日になると運河沿いでピクニックやアペロ（アペリティフ）が始まり大賑わいになります。私もこの近くに住んでいて、サン・マルタン運河が通勤道です。最近では白鳥の家族が何チームかいます。

　パリっ子の白鳥がプラスチックのゴミで巣をこしらえ（プラスチックのゴミが巣の材料になっているのが悲しいところですが）、ヒナを連れて散歩しているのを見ると微笑ましく思います。疲れて帰宅する帰り道、優雅に泳いでる白鳥と目が合い、近寄ってみると目が合った人達がそれぞれ白鳥の周りで話していました。

Masaé TAKANAKA

day 108

パリ市のリサイクルの本

　本を整理したいけれど捨てるのはもったいない。

　私の住んでいるアパルトマンでは郵便受けのところに「どうぞ、お持ちください」と雑誌や本が置かれていて、皆興味があると持っていくのですが、最近いろいろなところで青空図書館を見かけます。フランス人は読書が好きなのと無料には目がないので、皆チェックをしているようです。

　コロナ禍で知らない人の本を触るのはちょっと……と思うのは潔癖な日本人だからでしょうか？

　フランス人の友達に話したところ「面白いものがあったりするから、見つけると覗くよ」と。日本語の本を見かけたとの連絡が来たりもします。

　近所でパリ市が共同畑として貸している公園にとても可愛い青空図書館を見つけました。聞いてみると、畑に来る人達で棚をDIYしたようです。本と一緒にリサイクルの空き瓶やジャムの瓶なども置いてありました。

Masaé TAKANAKA

day 109

トゥルーヴィル・シュル・メールの老舗ブラッセリー

　パリから北西に 200 キロメートル。1830 年代から海辺の保養地として発展したノルマンディーの港町、トゥルーヴィル・シュル・メール。週末となるとパリっ子が車で向かう海辺の街。当時、上流階級の人々を魅了した美しい海辺の風景は、アーティストや文豪たちにも愛されました。1979 年にはフランスを代表する人気のポスター作家、レイモン・サヴィニャックが移り住み、最期まで過ごした街です。

　そのサヴィニャックの絵がメニューになっているのが老舗のブラッセリー Les Vapeurs。舌平目のムニエル、ムール・フリット、魚介類の盛り合わせや、今日のおすすめの魚を食べるのもいいかもしれません。デザートはノルマンディーのリンゴを使ったタルトタタンで決まり！　食後酒のカルヴァドスはサービスでギャルソンが注いでくれます。

　サヴィニャックの絵が表紙のメニューはもらえるので、思い出に持ち帰ってください。

Masaé TAKANAKA

day 110

公園で飲めるパリ市の無料ガス水

　水筒の水を飲み干してしまい、「あー、喉が渇いた」とごねる息子に、公園で運動をしていた人が「冷たくて美味しい水、それにガス水もタダで飲めますよ！」と教えてくれてから、我が家でもよく利用をしている炭酸水が出る魔法の水飲み場！　2008 年にパリ市の公園で冷えた水と炭酸水を飲める水飲み場ができて話題になりました。

　以来増え続けていて、炭酸水を飲める水飲み場は 17 か所！　お味は炭酸がきつくなく飲みやすいのです。

　この炭酸水は公営水道会社 Eau de Paris が通常の水道水に炭酸ガスを混ぜて作り、冷たくしてから市民に提供しているのです。そして何よりもプラスチックボトルの廃棄物も容器もないためエコロジカル！　環境問題に配慮しているのもうれしいこと。空いたペットボトルを持ってくる人、水筒に入れている人、パリ市民から大人気です。

Masaé TAKANAKA

day 111

ペットのマイクロチップ制度

　フランスは国民の半数が動物を飼っているといわれるほどのペット王国！　インターネットでペットの掲示板や欲しい犬猫種のブリーダーを探すのが主流で、動物保護施設に問い合わせをする人も増えています。フランスの賃貸住宅には、ペットの拒否権はないため自由に何匹でも飼えるのです。

　飲食店も、カジュアルなお店ではペットの入店が許される場合が多く、デパートなども食品館以外は入館可能。常に一緒に外出や旅行ができます。

　しかしその一方で、年間10万匹の犬猫が捨てられるというのですから、なんとも身勝手な人がいるのも現実。そんな中、フランスでは早くから犬猫へのマイクロチップの埋め込みを義務化しています。先日、迷い猫を街の獣医に連れて行った友人は、マイクロチップの情報で、すぐに獣医が飼い主に連絡。2年間も行方不明になっていたらしく、飼い主の方は「奇跡だ」と涙ながらに感謝したそう。このマイクロチップ制度は、日本でも2022年より義務化されるそうです。

Noriko MIURA

day 112

ブルターニュ地方発のクイニーアマン

　Kouign amann（クイニーアマン）は、フランスのブルターニュ地方における伝統的な洋菓子。ブルターニュ独特の言語であるブルトン語で、クイニーはお菓子、アマンはバターの意。発祥は1860年頃、ブルターニュ地方の西の端に位置する港町・ドゥアルヌネのパン屋の主人が店にある材料で即興で作って店頭に並べたところ大評判となり、ブルターニュ全域に広まったといわれています。

　現地では、直径30センチメートルにも及ぶ大型を切り分けるのが一般的で、焼き立てを食べるのが理想です。

　冷めてしまった場合はオーブンで温めると固まっていたカラメル部分がほどよく溶けてバターの香りもよみがえります。噛んだ瞬間にバターと砂糖がじゅわ〜っと口の中に広がり、その後ブルターニュ産ゲランド塩のシャープな塩味がストンと落ける。パリではひとり用サイズがパン屋さんでたまに見つかります。

Noriko MIURA

day 113

ヴェルサイユのマルシェ その1

　ヴェルサイユ宮殿から徒歩10分ほどの場所に、フランスで2番目に大きく、イル・ド・フランス地域で最も美しいといわれている市場 Marché Notre-Dame （マルシェ ノートルダム）があります。

　300年以上の歴史があり、1634年にルイ13世が市場を開設し、その後1671年よりルイ14世の手でより開拓され、18世紀のルイ15世の治世下には、広場に屋台が定着し始めました。

　1841年には広場に正方形の4つの常設のホールが建てられ、その4つの建物には、かつて展示されていた製品の名、Carré à la Viande（カレ ア ラ ヴィヨンド）（肉類）、Carré à la Marée（カレ ア ラ マレ）（鮮魚）、Carré à la Farine（カレ ア ラ ファリヌ）（小麦粉）、Carré aux Herbes（カレ オ ゼルブ）（ハーブ類）が付けられています。

Noriko MIURA

day 114

ヴェルサイユのマルシェ　その 2

　マルシェ・ノートルダムでは、スペイン、イタリア、モロッコ、ギリシャなど各国の人が現地の食材や惣菜を販売していて、フランス以外の食文化にも触れることができます。

　和牛を取り扱う肉屋や、フランス産の鶏専門店、パリの市場より豊富な貝類や生の甲殻類が揃う魚屋、フランスが誇るチーズ専門店など、しっかり厳選された品質の充実したスタンドが並んでいます。

　正方形の建物の内側にある、野外市場の火曜日、金曜日、日曜日にはぎっしりたくさんの野菜や果物、花などの屋台が立ち並び、地元の人や近郊からの人に愛され続ける市場は大賑わい。大きな声のセールストークが飛び交いものすごい活気で盛り上がっています！

　また、4 つの正方形の建物の裏側には飲食店が並んでおり、ヴェルサイユ宮殿を訪れる観光客にも大人気の場所となっています。

Noriko MIURA

day 115

メトロ構内が美術館に

「芸術の街」と世界の人はパリを表現します。この街に住んでいると普段はまった
く気にしませんが、時々、街中でドキッとすることがあります。

　小さな教会から、すうっと出てきた修道女。西日の逆光に光るノートルダム寺院
のシルエット。夜の水面に映る多色のエッフェル塔。ルーブル博物館の北の通りか
らは、内部の古代展示物が見えるなど、まるで映画のワンシーンに遭遇しているよ
うで、何年住んでいても感動します。

　この間もそんな出来事がありました。パリの真ん中を東西に走るメトロ1番線
に乗っていた時、オテル・ド・ヴィル駅のホームで、神の目を持つ報道カメラマンと
いわれているセバスチャン・サルガドの写真が展示されていました。

　もっと先まで行く予定でしたが、思わずそこで降りて南米アマゾンで撮影された
作品の数々を鑑賞しました。反対側のホームにも行き、感激しながら堪能。パリで
は心躍るラッキーがたくさんあります。

Yolliko SAITO

day 116

フランスの水事情

　フランスの水は硬く、飲むとどっしりした感じです。平野が多いフランスは降水が地中に長くとどまり、マグネシウムとカルシウムが多く含まれるからです。

　日本の軟水との違いは料理をするとわかります。緑茶は少し濁った色になったり、お出汁も日本のようにさらっとした味にならなかったり。とはいえ、肉の煮込み料理をした時はより美味しくできます。何よりも味の差が出るのがパン！　ワインとチーズに合うあの独特の風味は、小麦粉の品種もさることながら、硬水の力が大きい。

　ただミネラルが多い硬水は美容の敵です！　毎日ゴシゴシ水道水で洗っていると顔、体、髪ともどもパサパサに。そもそもミネラル分のせいでシャンプーも石けんも泡立たない！　そんなわけでパリジェンヌは毎日シャンプーしません。メイク落としも普段は洗顔石けんを使わず、夜にクリームをつけてコットンで汚れを拭き取るだけ、というケースが多いようです。

Hiro MORITA

day 117

フランスも猫ブーム！

　フランスではペットを飼っている人が多く、個体数でいうと一番人気が魚。実に3200万匹もペットで飼われているそうです。また、犬と猫で比較してみると、犬は760万匹、猫は1420万匹とダントツ猫が人気です。興味深いことに、2000年の時点では犬、猫とも900万匹と同じくらいだったのに、この20年で倍近くもの差が！　「フランス人は犬が好き」という勝手なイメージを持っていたのですが、実際の数字で見るとこんなにも差があったと正直ビックリします。

　フランスでは、猫が生まれた年によって名前の頭文字が決められています。

　ちなみに2021年はSで、サーシャ（Sacha）、2020年はRで、ローズ（Rose）などといった名前に人気がある模様。

　日本語の名前も結構人気があって、生まれた季節に合わせてナツやアキ、言葉の響きと意味からメイとかソラと名付ける飼い主もいるようです。

Hiro MORITA

day 118

パリは街中が美術館

　フランス全土で認定美術館は 1216 館あります。そのうち Île-de-France（フランス地域圏）には 139 館、パリ市内には 57 館存在しています。ハイシーズンともなると多くの人が訪れ、人気の美術館だと入館するだけで数時間かかることもしばしば。でも、美術館に行かなくても、街中の壁、道路、柱とあらゆるところで、ストリートアート芸術作品を見られます。アーティスト・ビザ（Passeport Talent Artistique et Culturelle）が発行されることもあって、フランスは、毎年多くの芸術家が集まり、生活を始める国です。

　なぜこんなに芸術を愛する人が多く、芸術で生計を立てることができるのか？と考える時に思い出すのが、ルーブル美術館で、引率の先生に連れられた 10 代の子供達のこと。館内の床に座り込み、各自好きな作品をデッサンしていました。子供の頃からこんなに間近で芸術に触れていたら自然と芸術が体に染み、興味も持つだろうなと思うのです。

Morimitsu MIYAMOTO

day 119

パリの足元には

　パリらしい風景のひとつが石畳です。1837年にアスファルトが登場すると、馬車が壊れやすかったり、歩きにくかったりなどの理由で徐々に姿を消しましたが、1980年代に再評価され、部分的にパリの道が再び石畳に。

　そんなパリの道で目に入る、金色に輝く物体。これはSaint-Jacques de Compostelle までの道しるべとして置かれたメダルです。

　フランス人の70パーセントはカトリック教徒ですが、メダルをたどると、Le Puy、Arles、Vézelay を通って、スペイン北西部の聖地、サンティアゴ・デ・コンポステーラへ到着します。

　南フランスから800キロメートルで、巡礼証明書がもらえますが、条件は、最後の道のりを徒歩か馬で100キロメートル以上、もしくは自転車で200キロメートル以上踏破すること。メダルの柄は、巡礼のシンボルのsaint-Jacques（ホタテ貝）。巡礼者は今も皆胸元にホタテ貝をぶら下げて歩いているそうです。

Morimitsu MIYAMOTO

day 120

パリの猫は散歩しない

　パリ市内はとても狭く、多くの車が通っているので猫には危険なエリア。そのため猫を外には出さないのだそうです。しかしお店の中で飼っていたり、一流ホテルのロビーのフロントにあたかもレセプション係のようにいると驚いてしまいます。

　でもそれにはちゃんと理由がある様子。何百年も前の建物が立ち並ぶパリでは、修理しても、罠をかけても一向に減らない危険人物がいるのです。そう、ネズミです。最近では、2020年の年金改革の問題で、清掃局のストライキが起こり、ゴミ収集車が活動しなくなり、シックなパリにゴミが増えてますますネズミのパラダイスに……。

　そんな中、猫を飼っているとネズミが出なくなるらしく、飼う人や、お店が密かに増えているというのが現状。

　もちろんちゃんとペットとしても可愛がってもらってもいますよ。パリでは、フランス版のトムとジェリーを見ることができるかも？

Morimitsu MIYAMOTO

day 121

婚約者に贈る籠

　籠祭りのたくさんの出品ブースの中で、その編みの複雑さと繊細さで一際目を引いていたのが、Panier rustique と呼ばれるコロンとした蓋付きの籠バッグ。19世紀に男性がこの籠の中にレースの手袋や宝石を入れて婚約者に贈ったといわれていることから Sac de fiancé と呼ばれることも。ロマンチックですね。

　花嫁さんが結婚式で持ったり、当時のマダム達のハレの日のためのおしゃれバッグだったようです。今ではこのパニエが編める職人さんはごくわずかで、継承者がいないのが悩みの種だそう。

　籠祭りを訪れた最初の年は、なんだか自分には可愛らしすぎて合わないような気がして、買いませんでした。でも、翌年やはり欲しくてついに黒を購入。ところがずっとタンスの肥やしに。

　今年は、ジーンズにコートの時などに持ってみようかな？と思っています。

Ayumi SHINO

day 122

シルク・ロマネス

　パリに住み始めたばかりの頃、友人が連れていってくれたのがヨーロッパに現存する最後のロマ民族のサーカスといわれるシルク・ロマネスでした。当時は場末感の漂うクリッシー広場の端っこにテントが張られ、火が焚かれ、テントを囲むように彼らが生活するキャラバンが停められていました。動物は飼っている猫とヤギ（芸ができるわけではない）しか登場せず、ピエロもいない、目を見張るような大技は一切ないのですが、週末ごとに観に行くほど気に入ってしまいました。

　団長の家族を中心に構成され、哀愁漂うアコーディオンやヴァイオリンの生演奏、そして綱渡りや玉乗りなど、素朴で、なんともロマンチックで、まるで映画を観ているよう。

　数年前に、パリの南西の端っこにテントが出ていると噂を聞いて、久々に観に行ったら、当時よちよち歩きだった団長の末娘が美しい少女に成長し、立派に芸を披露していました。

Ayumi SHINO

day 123

ハーブビネガーを仕込んで

　おうちでハーブを活用する方法のひとつ、ハーブビネガー。ハーブをりんご酢や
ワインビネガーに 2 週間ほど浸けたものです。薬用酢のような本格的なものから、
ハーブの風味を効かせたドリンクや調味用にも。ハーブの種類を変えるだけで幅
広く活用できます。

　ペストが流行した際に生まれたといわれる薬用酢「4 人の盗賊の酢」を現代版
にアレンジしたレシピをおうちで仕込んでいます。

　りんご酢 500 ミリリットルに対してヨモギ、タイム、ローズマリー、ラベンダー、セ
ージの乾燥ハーブを各 5 グラム、クローブ 10 本程度またはパウダーならティース
プーン 1、シナモンスティック小さめのもの 1 本またはパウダーをティースプーン
1。皮を剥いたにんにく 1 片。すべてお酢の中に浸して 15 日間。ハーブを濾して出
来上がり。ティースプーン 1 杯程度を水に薄めて飲んだり、10 倍に薄めて肌や髪
のリンスにも使えます。

Kaori UMEYA

day 124

ノスタルジックなパレ・ロワイヤル庭園

　パレ・ロワイヤル庭園（Palais Royal）は回廊や円柱の広場が有名で、たくさんの観光客が集まる人気スポットのひとつ。

　私の心に刻まれている風景は西洋菩提樹の並木。春に葉をつけ始め、夏になると一層葉が茂り可憐な黄色い花が咲きます（ハーブティーとして使われる部位です）。

　秋になると葉は落ち、枝は綺麗に四角く切り揃えられます。冬は日が落ちるのが早くなり、濃紺の空に黒く浮かぶ線は絵画のようです。加えて回廊全体にモミの木が並び始めるとクリスマス、年末ムードにしみじみ。

　エルボリストリで働いていた頃、お天気が良い時はここでおにぎりを食べて休憩をとっていました。仕事でうまくいかなかった帰り道も、この歴史的場所にいると嫌なことも小さなことのように思えてくる、パリで頑張るためのご褒美のような場所です。

Kaori UMEYA

day 125

チュイルリーの移動遊園地

　毎年、夏になるとチュイルリー公園にやってくる移動遊園地は、夏休みに入った子供達で賑わいます。子供連れの家族、友達同士ではしゃぐ中高生達。

　遠くからでも見える大観覧車は、パリの街並みや、サクレ・クールやエッフェル塔などの観光名所も見下ろすことができます。幼児向けのメリーゴーラウンドやゴーカートから、お化け屋敷、空中ブランコ、ジェットコースター、絶叫マシンまで、様々なアトラクションが揃っています。

　綿あめやチュロス、アイスクリームなどの屋台もあり、ノスタルジックな甘い匂いに包まれた、レトロな色彩の遊園地を抜ければ、パリ最古の庭園の美しい緑の散歩道が広がります。

　噴水のある大きな池を囲んだベンチは、読書やおしゃべりをするパリジェンヌの憩いの場。そこから見える夏限定の遊園地と子供達のはしゃぐ声は、まさに夏の風物詩です。

Yui TANIGUCHI

day 126

パリのモスク

　モロッコの魅力に夢中になって以来、何度か旅をしましたが、パリの中にもそんな気分になれる場所があります。5区にあるイスラム教のモスク（礼拝堂）は、ヨーロッパで3番目に大きく、スペインのアルハンブラ宮殿をモデルに建てられた異国情緒溢れる美しい建物です。

　エメラルド色に輝くタイルの床と植物の生い茂る庭園を抜けると、真っ白な建物に、息を飲むほど繊細な装飾の彫刻、幾何学模様のモザイクタイルの織りなす回廊があります。奥にあるイスラム教徒のための礼拝堂以外は自由に見学ができます。

　モスクの裏側には、同じ敷地内にサロン・ド・テがあり、ミントティーやモロッコ名物の揚げ菓子で一休みしたり、クスクスやタジンといった本場のマグレブ（北アフリカ）料理も楽しめます。隣にはハマム（中東圏式スチームサウナ）も併設され、パリの街から一瞬でオリエンタルな世界にワープできる場所です。

Yui TANIGUCHI

day 127

うっかりしたプリンセスに遭遇？

　パリの近郊東部にある、ヨーロッパで唯一のディズニーランド。シンボルとなるお城は、日本ではシンデレラ城ですが、フランスでは物語の舞台にもなった「眠れる森の美女」のピンク色のお城。

　一歩踏み込めば、プリンセスや海賊になりきった子供達を連れた家族でいっぱいで、あっという間にメルヘンの世界に引き込まれます。パリのディズニーランドは日本と違い、夢の国を演出しつつも、スタッフや環境に少しユルさを感じるのも、私にとって楽しめる場面のひとつ。

　舞台裏や工事中が丸見えだったり、キャストがマイペースだったり、私服を着た出勤前のディズニープリンセスが近くのカフェでお茶していたり（笑）、フランスならではの「うっかり」に遭遇することも。

　それでも迫力のパレードや夜の花火と映像のショーは素晴らしく、フランスらしい魔法のかかった夢の国です。

Yui TANIGUCHI

day 128

小島にそびえる修道院、モン・サン・ミッシェル

　フランスの世界遺産の中でも特に有名な Mont Saint-Michel。フランス北西海岸のサン・マロ湾内に浮かぶ小島にそびえる修道院です。

　モン・サン・ミッシェルとは「聖ミカエルの山」という意味で、今から1300年以上前に、ある司教の夢に大天使ミカエルが現れ、岩山に礼拝堂を建てるようお告げを受けたことから始まり、それから何世紀にもわたる増改築を繰り返して今の修道院の姿となりました。

　潮の干満の差がヨーロッパで最も激しい場所として知られ、新月と満月に最も大きな潮が押し寄せ、かつては多くの巡礼者が命を落としたといわれています。現在は橋がかけられ、いつでも安全に行き来できるようになり、世界中から巡礼者や観光客が訪れる地となっています。

　修道院から尖塔を見上げると、その先端には、黄金に輝くミカエル像が天を仰ぐように立ち、人々を温かく見守っています。

Yui TANIGUCHI

day 129

世界最古のパリの水族館

　エッフェル塔の麓の地下にある Aquarium de Paris Cinéaqua（アクアリウム　ド　パリ　シネアクア）は、1867 年に建てられた世界最古の水族館です。アーティスティックな演出が面白い、映画館が併設された新しいタイプの水族館で、心地よい椅子に座って水槽を観たり、スクリーンでは海や魚に関する映像を見ることができます。

　フランス最大といわれる迫力の大水槽の水中トンネルをくぐると、真っ青な海の中にいるような感覚になります。

　きらめく小さな魚の群れや、クラゲ達がゆらゆら漂う空間は、美しく幻想的。大きなサメが悠々と横切る姿には目を奪われます。

　ここは数年前に、サメの泳ぐ 300 万リットルもの大水槽の中に沈められたガラスのベッドルームに、世界中の応募者から選ばれたペアが一夜を過ごすという面白い企画が行なわれた場所。水深 10 メートルの深海のような空間で、35 頭の勇猛なサメと共に過ごす時間は、なんともスリリングです。

Yui TANIGUCHI

day 130

国立自然史博物館で生命の進化を学ぶ

　パリ5区にある国立自然史博物館 Muséum National d'Histoire Naturelle は、植物園の中に、動物園、温室、鉱物学陳列館、古生物学陳列館、そして進化大陳列館が併設されています。特に人気なのが、様々な生物の剝製や標本が並ぶ、進化大陳列館 Grande Galerie de l'Evolution。4階建ての館内では海洋生物、陸の生物、絶滅品種の生物などの進化の過程が学習でき、約7000種の生物が展示されています。

　中でも、小動物から象やキリンといった大型動物の実物大の剝製が一斉に並ぶ大行進のコーナーは圧巻の迫力。動物達の表情も豊かで、まるで生きているような演出で、魚、鳥、昆虫、貝殻の標本、クジラの骨格なども美しく並び、子供達の目を釘付けにしています。

　生命の誕生から進化、生態系、環境問題などへの意識を親子で高め合う、学びに満ちた博物館です。

Yui TANIGUCHI

day 131

地元っ子に愛されるコーヒー屋

　11区にあるコーヒー屋 Dreamin' Man。朝早くから出勤前のおしゃれな地元
のパリっ子達が、小さなお店に引き寄せられるように出入りし、店先のテーブルを
囲んだり、コーヒー片手に立ったままおしゃべりしたり。

　ファッションウィークじゃなくても、スタイリッシュな人々が自然と集まり、気取ら
ない笑顔で手を振り、心地よく行き交う、カフェというよりコーヒー屋さんです。

　不思議なことにこの店のドアを開ければフランス人も英語になり、英語を話す
バリスタの日本人店主が淹れるこだわりのコーヒーの魔法をかけられて、かつて
英語を話さないといわれたフランス人文化に小さな革命が。

　美味しいコーヒーと、店主の彼女による自家製のスコーンやタルトなど素朴で
愛の溢れるやさしいお菓子は、パリ中の人々に愛され、温もりのある空間にはゆっ
たりとゆるい時間が流れています。

Yui TANIGUCHI

day 132

森へと広がる花公園

　パリ東部、ヴァンセンヌの森の中にある Parc Floral de Paris は、ヴァンセンヌ城の隣にあり、季節の花々が咲き誇る自然豊かなパリの花公園です。春になると色とりどりのチューリップが咲き、水仙に木蓮、満開の桜の花も堪能できます。

　園内には美しい日本庭園もあり、竹藪の中にある見事な盆栽のコレクションを観賞することも。

　花公園を抜けると、奥には大きなアスレチック広場があり、幼児から高校生までがそれぞれ楽しめる年齢別の遊具が充実し、週末にはたくさんの子供連れで賑わいます。

　また、園のところどころに芝生があるので、お天気の良い日は、花々を眺めながらピクニックする人で溢れます。カモや白鳥、孔雀も放し飼いされていて、触れ合うこともできます。私は野生のリスに何度か遭遇したことがあり、森へと広がる花公園の豊かな自然との調和を肌で感じました。

Yui TANIGUCH

<u>day 133</u>

一軒家を改造したカフェ

　観光ではあまり足を運ぶことのない 19 区。サン・マルタン運河の北部ラ・ヴィレット貯水池付近に、最近は船上カフェやレストランが次々とオープンし、密かに発展しているエリアです。

　Le Pavillon des Canaux（ル　パヴィヨン　デ　キャノー）は一軒家を改造したカフェで、もともと生活していた部屋がそのまま使われています。2 階には、キッチンでおしゃべりするパリジェンヌ、一部屋を貸し切ってミーティングをするパリジャン。奥のベッドルームには、ベッドで赤ちゃんをあやしながら話に花を咲かせるママ達。バスルームでは、クッションの置かれた浴槽に入ってくつろげます。

　コンセプトだけでなく内装もユニーク。ブロカントの中古品で揃えたという色彩豊かなポップでレトロなインテリアで、お気に入りの場所を見つけて運河を眺めながらのんびりできる、誰かのおうちに遊びに来たような感覚になるカフェです。

Yui TANIGUCHI

day 134

恋人同士の呼び名

　フランスでは、恋人同士がお互いを呼び合う時、名前以外でも愛情込めていろいろな呼び方をします。では、恋人や親しい人への呼び方の種類、どれだけあるか見てみましょう。

　定番は、Mon bébé 赤ちゃん、Mon cœur 心とかハート、Ma chéri やMon chéri 愛しい人、Mon trésor 宝物など。Mon amour もごく一般的で、いろいろな場所でも普通に耳にします。小動物に例えるのは、Mon petit chat 仔猫ちゃん、Mon chat 猫ちゃん、Mon lapin うさちゃん、Ma biche 小鹿ちゃんなど。男性→女性以外、女性→親しい女性へ使う人もいます。私は仲良しフランス女子からマビッシュと呼ばれてます……うれしいけれど、ちょっと恥ずかしい。

　ほかには Chouchou（お気に入り）や Doudou（大切な子）。ドゥドゥは子供がよく持ってるタオル人形のこと。離さないわよ！っていう意味でしょうか？

Maki KINAKA / Photo by Yusuke KINAKA

day 135

バスクチーズケーキ

　外側が真っ黒に焦げたバスク地方特有のベイクドチーズケーキ、バスクチーズケーキの作り方。材料はたった5つ！　順番に混ぜていくだけです。

① 15センチメートル丸のケーキ型を使用。一回り大きくカットしたクッキングシートを濡らして丸めてからのばし、型に敷いておく。

② 室温で柔らかくしたクリームチーズ380グラムを泡立て器で混ぜる。

③ ②が滑らかになったら、グラニュー糖110グラムを加え、よく混ぜる。

④ 溶きほぐした卵3個を2～3回に分けて入れ、その都度よく混ぜる。

⑤ 薄力粉大さじ1.5を加えて混ぜる。

⑥ 最後に生クリーム300ミリリットルを少しずつ入れながら混ぜ合わせ、ザルで濾してから型に流し入れる。

⑦ 220度のオーブンで45分ほど焼き、粗熱をとって冷ます。

　バスク地方名産のサクランボのソースをかけて一緒にどうぞ！

Maki KINAKA / Photo by Yusuke KINAKA

day 136

トリコロールの飛行隊

　7月14日はフランスの革命記念日で建国記念日(バスティーユ牢獄を襲撃した日なのでバスティーユ・デイともいいます)。この日は建国をお祝いするため、朝から夜の花火までフランス各地でイベントがあります。

　パリではシャンゼリゼ大通りを陸海空軍が集合する一大軍事パレードがあるので、朝から大通りの両脇は大賑わい。

　空軍のアクロバット飛行チーム、Patrouille de France(バトルイユ ド フランス)がトリコロールカラーでパリの空を染めるとパレードの始まりです。我が家も毎年テレビ観賞するのですが、今年は飛行隊見たいよね、とヌフ橋の辺りへ出かけてみました。

　橋の近くに来たその時、ゴオオオとすごい音と共に向こうから飛行隊が！　あっという間に通り過ぎて行ってしまい、あっけなく飛行隊観賞は終了してしまいました。残念。

Maki KINAKA / Photo by Yusuke KINAKA

day 137

南仏プロヴァンス料理に欠かせないハーブ

　南フランス地域は、この辺り特有の気候が生み出す自然の恵みが料理にふんだんに使われています。そのひとつがハーブ。例えば、お日様をたくさん浴びたトマトやナスやズッキーニで作るラタトゥイユには、バジルの葉を。

　ハーブを加えることは、香りで食材と食材をつなぐことでもあります。魔法のように、お互いの味を引き立たせます。

　ハーブは昔から民間療法やアロマテラピーにも使われてきましたが、毎日の料理に使うことで自然の薬となって自分の体や健康に役立ってくれます。今求められているナチュラルでヘルシーな暮らし方にも大切な役割を果たしていると思うのです。

　使いきれなかったフレッシュハーブはドライにしてみましょう！　低温のオーブンに入れて軽く水分を飛ばすだけ。ドライハーブはお肉料理やスープにササっと振りかけて使えます。

Maki KINAKA / Photo by Yusuke KINAKA

day 138

ドライフラワーと床タイル

　ここ数年パリはドライフラワー流行り。可愛いお花屋さんでも生花に混じって、小さなドライフラワーのブーケやリースなどが飾られていたり、売られていたり。

　ここは北マレにある可愛い花屋さん Fragrance で、花を買ったついでにカフェコーナーでお茶もできる、花＋カフェが一体化したお店です。花関連のシンプルで使いやすそうな雑貨も売られています。

　煉瓦と漆喰壁の店内は白基調で、床には素敵なブルーのタイルが！

　このようなタイル床、カフェやブラッスリーなどに昔はたくさんありましたが、改装する時に剥がしてしまうせいか、一時期は見かけることがすっかり減ってしまいました。ところが、最近はタイルを見せたり、古いタイルを探してきて復活させるなど、ちょっとしたブームがやってきているようで、タイル床が定番化しています。このお店では、お花も買えるし、古いタイル床好きとしては好きなものが詰まっていてうれしい限りです。

Maki KINAKA / Photo by Yusuke KINAKA

day 139

フランス人は香水好き

　フランス人の香水好きは筋金入り。クリスマス近くになると、雑誌の広告には付録付き香水のページが増え、百貨店の香水売り場はプレゼントを選ぶ人で溢れます。歩いている時にすれ違ったマダムに突然呼び止められて、「あなたの今使っている香水、素敵だから教えてもらえるかしら？」なんて声をかけられることもあります（嘘のような本当の話）。

　フランス人の香水の歴史は、そもそも体臭を消すために始まったといわれているくらいなので、なくてはならない身だしなみのひとつ。無臭が良いとされる日本の感覚とは大違いです。

　もちろん使い方にはルールがあり、控えめに香らせる、キスされたい場所につける、でしょうか？　清潔な肌に少量ずつ肩や太もも、足首など自由につけるのが、ロマンチック好きなパリジェンヌらしいこだわりかもしれません。

Maki KINAKA / Photo by Yusuke KINAKA

day 140

猫をみんなで可愛がる

　散歩中、ふと上を見上げるとバチっと猫と目が合うことが多いパリ。アパルトマンの開いた窓や鉢植えの隙間から道行く人を観察していたりします。

　パリは飼い犬より飼い猫のほうが多いってご存じですか？　フランスはどんなアパルトマンでも動物を飼って怒られるということはありません。マナーを守り、近隣に迷惑をかけなければペットを飼う自由が認められています。そして飼っていない人でも時々ペットのいる暮らしを味わえる恩恵もあったりします。

　隣の猫が開けている窓を伝って遊びに来るのよ、と話す友人がいたり、ご近所の猫ちゃん3匹が入れ代わり立ち代わり遊びに来るから、おやつを用意しているという友人もいます。

　ちょっと日本では考えられないことかもしれません。フランス人は動物好きな人がいっぱい、自分のペットのように優しく大切に接している人が多い気がします。

Maki KINAKA / Photo by Yusuke KINAKA

day 141

エルメス本店の屋上

　1837 年、馬具工房から始まったエルメス。

　本店 24, rue du Faubourg Saint-Honoré の建物の屋上にはナポレオン帽を被り、白馬にまたがって両手にスカーフの旗を掲げている騎乗の花火師像が置かれています。スカーフを掲げているのがエルメスらしい！

　これは創業 150 周年記念の花火ショーのシンボルとして作られ、その後パリ 1 号店や各国のメゾンエルメスに置かれているそうです。

　エルメスの本店屋上には庭園があるのです。りんごに洋ナシ、木蓮の木などが植えられており、プライベートなイベント時にはカクテルパーティーが開かれます。

　そういえば、2011 年には「屋根の上の庭 Un Jardin sur le Toit」という香水も発表されましたよね。この庭園をイメージした香水でしょうか。

　VIP でないと行けない秘密の庭園、気になる場所です。

Maki KINAKA / Photo by Yusuke KINAKA

day 142

グラン・パレ

　優美なアール・ヌーヴォー様式の繊細なデザインを鉄骨とガラスで表した建物自体が芸術品のようなグラン・パレ。Nef と呼ばれる丸いガラスドーム屋根は、まるで空まで続く空間にいるような気持ちにしてくれます。

　ここでは、いろいろな美術の展覧会や、世界規模のアートフェア FIAC が開かれ、パリコレでのシャネルのショー会場としても有名です。

　でも、時々アート以外の楽しいイベントもあるんです。床全体に氷を張って夜遅くまで楽しめるスケートリンクを作ったり、リビングのように床にソファーとテーブルをセットしシャンパーニュを飲みながら観賞できる映画館を期間限定でオープンしたり、パリらしい大人の夜遊びに貢献もしています。

　そんなグラン・パレですが、3 年間の修復工事のため現在はお休み中。現在、臨時の Grand Palais Ephémère がシャン・ド・マルス公園内にオープンしています。

Maki KINAKA / Photo by Yusuke KINAKA

day 143

馬に乗るジャンヌ・ダルク

　チェイルリー公園近くに立つ黄金色の銅像は、故郷であるオレルアンの方角を向いて馬に乗るジャンヌ・ダルク。ジャンヌ・ダルクといえば、百合の花の騎士、勇敢で志の強い女性の象徴です。

　現代のフランス女性と共通する点は、強さと独立心を持ち合わせているところでしょうか。フランス女性といえば、シック、自由を求める、男性に頼らない、自分のことは自分で決める、という強いイメージです。

　私の周りにいるフランス女性達も自分の意見をはっきり述べる人が多く、カップル同士でも家庭の役割はおおむね均等。子供のお迎えや買い物を男性がしている家庭も多く、週末はパパが料理担当も普通です。もちろん、女性も働き、社会にしっかり参加、専業主婦はほとんどいません。

　お互いを尊重し合い、お互いに頼りきらず自分の足で立つカップル。フランス女性が社会の中で輝く秘訣は、まだまだたくさんありそうです。

Maki KINAKA / Photo by Yusuke KINAKA

day 144

旬の食べ物〜夏編〜

　フランスでは5月頃から日差しが強くなってきて、少しずつ夏の気配を感じさせるようになります。

　果物はさくらんぼに始まり、だんだんと多くの種類の桃が青果店の店先を彩ります。その中でも、日本では見かけないこの平べったい桃、中は白い実ですが、甘みが強くフランスではとても人気です。

　その後は、フランス国王だったフランソワ1世の王妃クロードが好んだグリーンのスモモ、その名も「Reine-Claude（クロード王妃）」、最後に黄色い Mirabelle が出る頃には夏も終わりです。

　バカンス中は、友達との Fête（パーティー）が増え、桃などの果物を使ったパイやコンポートなどが食卓を飾ります。そして、バカンスが終わり、Raisin（ぶどう）が出る頃には、もうすっかり秋です。

day 145

コート・ダジュール〜海編〜

　世界中の大富豪が別荘地として選んでいる、Côte d'Azur。カンヌ映画祭、モナコグランプリとド派手な行事が満載なところですが、行事だけでなく1年を通じて温暖な気候も人気の理由です。

　日本人とコート・ダジュールは歴史が長く、1615年に伊達政宗がローマに派遣した慶長遣欧使節の支倉常長がヨーロッパに第一歩を踏み入れたのもコート・ダジュールのサン・トロペでした。

　ニースの海岸は砂浜でなく石なので、歩くと痛いですが、1日約20ユーロのシートとパラソルの下でカクテルと共にゆったり過ごすのが、コート・ダジュール風。

　砂浜が良いという方は、カンヌをおすすめします。各町の旧市街地ではイタリア的な建物と開放的な雰囲気が夏らしさを演出してくれます。

　一度コート・ダジュールの夏を経験すると、毎年行きたくなるのでお気をつけください。

Teruki ISHIBASHI

day 146

コート・ダジュール〜山編〜

　コート・ダジュールと聞くと、青い海を思い浮かべますが、山こそ訪れてほしい場所です。フランス、イタリア、そして地中海と多くの文化の十字路となっているために、山にある小さい村々は自分達の生活を守るべく村に壁を作り、独自の文化を育てていきました。

　今でも、中世の世界がそのまま残る村々は素晴らしく、多くの芸術家に愛されてきました。Saint-Paul de vence ではアンリ・マティスによって教会のステンドグラスが飾られ、その教会の墓地にはシャガールが眠っています。

　地中海を一望できる鷲ノ巣村、Èzu には Chèvre d'or（金の山羊）という素晴らしいホテルもあります。電車で行くのは難しいですが（バスはあります）、ニースから車で 30 分のところにあるので、コート・ダジュールへ訪れた際は 1 日、山中の美しい村を訪れてみてください。中世にタイムスリップした気分になれます。

Teruki ISHIBASHI

day 147

バゲットください！

　Une baguette s'il vous plaît !（バゲットください！）、毎朝のようにパリで
聞く言葉です。

　パン屋は、各カルチエ（界隈、地区）にいくつもあり、好みに合うバゲットの店が
近くにあれば言うことはありません。

　並んでいると、「よく焼けたのをお願い」「あまり焼きすぎてないものを」などな
ど、皆さんいろいろと好みがあるなぁと思っていました。ある日、いつもと違うパン
屋で並んでいると、ひとりのお客さんが「よく焼けたのをお願い」とオーダーしまし
た。すると、店員さんが「うちは全部同じ焼き方です」と一言。

　お客さん曰く、「以前はどこのパン屋も3段階の焼き具合を用意していたのに。
最近は小麦粉にこだわる店は増えて美味しいけど、こうして焼き具合を指定でき
ないと、大切な食感が変わるから悲しい」と嘆いていました。

　フランス人の食へのこだわりを感じさせられた瞬間でした。

Teruki ISHIBASHI

day 148

ロワイヨモン修道院

　13世紀に当時の王様ルイ4世（サン・ルイ）によって建てられた修道院、Abbaye de Royaumont（アベイ　ド　ロワイヨモン）は、当時フランスで最も重要な修道院のひとつでした。フランス革命により多くの建物は壊されたものの、壮大な回廊、アーチ型の部屋、緑の公園は創設から800年経った今でもスピリチュアルな面影を残します。

　17世紀に修道院の役目を終えたあと、売却され繊維工場に生まれ変わり、解体された教会は労働者の村作りに使われました。また、戦時中は病院として多くの人々を助けました。

　今ではロワイヨモン財団が入手し、芸術的な建物、広大な庭園という素晴らしい環境を利用して頻繁に演奏会や展示会が催されていると共に、芸術家専用のレジデンス施設となっています。多くの芸術家が作品を制作、発表し、文化的出会いの場となっています。

Teruki ISHIBASHI

day 149

パリ観光にヘリコプター

　普通のパリの観光にはもう飽きた……という方はこちらはいかがでしょうか？

　パリの南 15 区を一歩出た、向かいの道に、ヘリポートがあります。パリ市内上空は救急以外でのヘリコプターは禁止ですが、パリの周りはヘリコプターでの散策が可能です。空から見るエッフェル塔、凱旋門、ヴェルサイユ宮殿はまるで可愛いおもちゃのようです。

　また、パリ北部にあるパリ・シャルル・ド・ゴール空港からパリ・ヘリポートまでをタクシー代わりとして使うことも可能で、20 分で到着です。特別に税関審査官やイミグレーション審査も受ける手配をしてくれるため、スターや VIP は空港で待つことなく、このようにパリに入ることも可能だそうです。

　観光でのヘリコプター散策は 20 分で 240 ユーロ程です。少し高いですが素晴らしい思い出になること間違いなしです。

Teruki ISHIBASHI

day 150

ツール・ド・フランス

　1903 年から開催されている歴史ある自転車ロードレース、ツール・ド・フランス
は、毎年 7 月にフランス及び周辺国を舞台にして行なわれる自転車好きには見逃
せない夏の一大イベント。ステージ（ロワール、アルプス山脈から南プロヴァンス、
オクシタニーからピレネー山脈）と呼ばれる高低差 2000 メートル以上の起状が
激しいコースを複数日に分けて走行し、パリのシャンゼリゼのゴールを目指して
3414 キロメートルを駆け抜け、そのタイムを競う競技です。

　ゴールとなる日、パリ市内のコース近辺はすべて通行止めになり、選手達を一目
見ようと沿道には大勢の人が数時間、まだかまだかと暑い中待ち受け、街中がツー
ル・ド・フランス一色になります。

　ようやく見えた！と思ってカメラを構えると、2 秒ほどで通り過ぎてしまい、シュ
ーシューシューという物凄い音だけが耳に残りほとんど見えない。恐ろしいスピー
ドに啞然としました。

Noriko MIURA

day 151

ヴェルサイユの花 その1

　パリから電車で40分、ヴェルサイユ駅から徒歩で5分。

　正面にヴェルサイユ宮殿が見える大通りに、火、金、土、日曜日に花市場が並びます。季節の切り花はもちろん、鉢植えもたくさん並び、クリスマスシーズンはツリー用のサパンの木で埋まります。

　パリにも花市場はあるけれど、なんといっても宮殿を眺めながら、緑豊かな美しい場所で青空の下で花を選ぶ贅沢。パリとは異なった優雅さが味わえます！

　フランス人の生活にはなくてはならない花。週末に花を買い求める時間は、フランス人にとって面倒なんかではなく、楽しみと言っても過言ではありません。

　なじみの花屋でたわいもない会話をしながらのんびり花や色を選ぶのは幸せなひととき。選んだ花達は店主の手でリズム良くどんどん組まれていき、出来上がりは想像を遥かに超えた素敵なブーケに。何年も通う店でも毎回その感性には驚かされ、感動します。

Noriko MIURA

day 152

ヴェルサイユの花　その 2

　ヴェルサイユの花屋の店主は、魅力溢れるナイスガイ。

　購入したその時々の花の水の量をいつも丁寧にアドバイスしてくれます。

「紐で縛られた花束は花同士がくっついて、間に空気が通りにくいからこそ長持ちする。だから、決して紐を外さないように！」と念を押されるのも恒例です。

　そしてその大きな花束を、少し自慢するかのように脇に抱えると、すかさず「花は下向きに持ちなさい！」と注意されるのです。

　彼は「僕の体には真っ赤なバラのエキスが流れている」というのが口癖。

　花を愛してやまない彼が、キラッキラの笑顔で幸せそうにブーケを作る姿は、今日もたくさんの人を幸せな気分にしています。

Noriko MIURA

day 153

プロヴァンスの風景

　8月のプロヴァンス地方は今週は38度の猛暑。さすが南フランスです！

　フランス人がバカンスで行きたがる場所の上位に入るプロヴァンス地方は、東側はイタリア国境、南は地中海に面しており、豊かな自然と美しい景観が魅力。気候も温暖で日照時間も長いので、ぶどう畑にオリーブ畑、松林、ラベンダー畑が続き、たくさんの野菜や果物がこの地で栽培されています。

　市場では地元の農家の方々が直売していたり、スーパーでもプロヴァンス産コーナーが設けられています。真夏の太陽の下で育った夏野菜や果実は最高に美味しいのです。

　また、プロヴァンス地方にはユネスコ世界遺産に5か所も登録されているなど多くの史跡に恵まれているため、思わぬ場所で遺跡に出会え、たくさんの歴史に触れながら中世の時代を感じることができる場所でもあります。

　今日も真夏の太陽の下、紫一色のラベンダー畑が光り輝いています。

Noriko MIURA

day 154

ブルゴーニュのぶどう畑のクリマは世界遺産

　ブルゴーニュ地方は、フランス中東部に位置し、パリから車で3時間ほどの距離。2000年の歴史を誇るブルゴーニュワイン(赤はピノノワール種、白はシャルドネ種のぶどう)、そのブルゴーニュのぶどう畑のClimat(クリマ)は2015年に世界遺産に登録されました。

　クリマとは数世紀をかけて画定され受け継がれてきた厳密に細分化されたぶどう畑の区画(そのほとんどは当時から境界線が変わっていません)とテロワールを意味します。

　テロワールとは、ぶどう畑を取り巻く自然環境要因(日照、気温、降水量、土壌、水はけ、地形、標高)のこと。ブルゴーニュのぶどう畑は、この地域に極めて特有な土壌、気候の観察により恵まれてきました。そこに人類の経験と英知が加えられた結果、明確に区分けされた区画で構成されたモザイク様のぶどう畑が出来上がりました。それがクリマです。

Noriko MIURA

day 155

プロヴァンス地方・アプトの蚤の市

　8月のプロヴァンス地方ではあらゆるところで蚤の市が開催されていますが、暑さに負けず Apt の蚤の市に出かけました。

　Luberon 地方の中心に位置し、アヴィニョンから車で1時間の場所にあるアプトは、毎週土曜日に開かれる朝市場（マルシェ）が有名。そして、朝市場以外にもアプトで採れた果物の砂糖菓子やアプト焼という陶器でも知られています。緑豊かで川と山に囲まれたとても雰囲気のある大人気な観光地です。

　今回の蚤の市は日曜日と月曜日に開催されるもので、街の中心に大規模にスタンドが立ち並び、たくさんの観光客で大賑わいでした。家具、食器、リネン類、レコード、古本、古着、ありとあらゆるものが並んでいます。真夏の太陽の下で蚤の市が開催されている雰囲気はまさに南仏の夏！

　何も買わなくても忘れられない思い出となることは間違いありません。

Noriko MIURA

day 156

南仏の楽園、ポルクロール島

l'ile de Porquerolles（ポルクロール島）は、南仏はイエール諸島に位置する、「南仏の楽園」と呼ばれる美しい島です。自然保護のために車の乗り入れが禁止されており、歩行者と自転車のための整備された遊歩道があります。

ここではワイナリーを訪れる楽しみもありますが、必ず訪れてほしいのは、島で一番美しいビーチと呼ばれるノートルダム・ビーチ。

2015年にヨーロッパで一番美しいビーチにも選ばれており、長く続く白い砂浜と透明度の高いエメラルドグリーンの海は必見の価値ありです。

島にはレストランはありますが、食料品店はあまりないため、あらかじめピクニック用の食料を用意しておくのも良いかもしれません。

レンタル自転車に乗ってビーチに到着したら、ピクニックやシュノーケリングを楽しむも良し、ただただのんびりするも良し、とにかく最高のロケーションで過ごす、最高のバカンスとなることでしょう。

Kaori KONISHIKAWA

day 157

水の都、アヌシー

　フランスの南東部にあるアルプスの街、Annecy は、フランスのベニスとも称される美しい水の都。特に素晴らしいのは、“サヴォアの宝石”と呼ばれる透明度の高いアヌシー湖とアルプス山脈を望む絶景。

　パリから電車で約 4 時間の距離にあり、フランス人はもちろんのこと、その隣国のスイス人やイタリア人にも人気の避暑地です。

　旧市街には、アヌシー湖へと続くエメラルドグリーン色の美しい小川があちこちを流れ、街は可愛いパステルカラー。アイスクリームを片手にアヌシー湖畔をのんびりとお散歩したり、可愛い街並みを眺めながら、サヴォワ地方の代表的な食材、シャルキュトリ（ハムやソーセージ）やフロマージュをワインのお供にするのもおすすめです。さらに、のんびりと 1 時間以上のクルーズができるアヌシー湖の遊覧船からの眺めは格別の美しさ。美しいアルプス山脈をバックに、古城や湖畔の街並みを船から楽しむことができます。

Kaori KONISHIKAWA

day 158

生地を買うならマルシェ・サン・ピエール

　パリで生地を買うのなら、絶対におすすめなのが、Marché St-Pierre。

　メトロ 2 番線のアンヴェール駅から、サクレ・クール寺院の方向へ進んでいくと、生地や手芸用品を扱うお店が所狭しと並ぶエリアが広がっています。

　ありとあらゆる生地が並ぶこのマルシェ・サン・ピエールと呼ばれるエリアには、パリのスタイリストや服飾関係者はもちろんのこと、世界中から手芸好きが集まる手芸の聖地と呼んで良いかもしれません。ハギレを安く販売しているところも多く、いろいろな生地をリーズナブルに購入することも可能です。

　フランスらしい、ゴブラン織りやジャカード生地も豊富で、選ぶのも一苦労な品揃えの多さです。

　サクレ・クール寺院を訪れたら、そのついでにぜひ、マルシェ・サン・ピエールでお気に入りの生地を見つけてみてはいかがでしょうか。

Kaori KONISHIKAWA

day 159

レンタカーを借りてブルターニュへ

　本場ブルターニュのクレープを食べたことがなかったので、急遽友人達と週末旅に出ることになりました。

　まず Quimper まで鉄道で向かい、そこからレンタカーを借りて、もうすぐ閉店してしまうというクレープの名店に行ってから、蚤の市をやっている村々に寄りつつ北上。目的は Paimpol という漁港で行なわれる、年に一度の「牡蠣祭り Fête de l'huitre」。

　お祭り自体は、民族音楽のコンサートなんかもあったけれど、大きな堤防に屋台が出て、要は白ワインを飲みながらひたすらみんなで牡蠣を食べる、というシンプルなもの。生牡蠣だけでなく、バターで味付けた焼き牡蠣があったのが珍しかった。殻を開けてお皿に盛り付けられているものより、キロ買いしたほうがずっと安かったので、地元のマダム達からナイフをお借りして、自分達でどんどん開けて頂きました。

Ayumi SHINO

day 160

南西の海辺の町のバカンス

　フランス人の理想のバカンスは、ビーチで横になってお腹の上で指をくるくる回して1日を過ごす、というのを聞いて、そんな何もしないバカンスに憧れたものです。フランス人の夫と結婚していた10年間は南西の少し70年代の匂いのするLa Teste という海辺の街で、指こそ回さなかったものの、自転車に乗って湖に行ったり、森を散歩したり、後は食べるだけ、というバカンスを過ごしていました。

　牡蠣の養殖で有名な場所なので、おやつがわりに一年中生牡蠣をつまんだりできる上に、バスク地方、ランド地方など美食の地に囲まれているため、朝の市場の充実ぶりにテンションは上がりっぱなし。フランスの食の豊かさ、地方ならではの味や食材の組み合わせに親しめたのもこの日々のお陰です。しかし、最近ではフランス人達も世代が変わり、別荘でひと月過ごす、というよりは外国に行ったり、何か新しい経験をできるスタイルのバカンスに移行しているようです。かくいう私も離婚後は、美術館を回ったり、短期決戦型弾丸バカンスに戻ってしまいました。

Ayumi SHINO

day 161

南仏の籠祭り

　レモン祭り、ミモザ祭り、すみれ祭りなど、フランスの各地方には大小様々なお祭りがあります。Vallabrègues という南仏の村で年に一度 8 月に行なわれる籠祭り、Fête de la Vannerie は籠好きにはたまらないお祭りです。

　この小さな村はローヌ川の近くに位置しているため、柳の木がたくさん生えていて、その柳の木を細く割いて籠を編み、籠の生産地として栄えた時代があったそう。今では村おこしの一環として、ヨーロッパ中の編み手が参加して、籠編みのデモンストレーションや、中世の衣装を着て村人がパレードをしたり、とにかく素朴で可愛らしい。

　私自身籠が好きで蚤の市などでも買いますが、籠祭りで生産者から直接買ったパニエへの愛着は格別です。

　余談ですが、この小さな村の若い消防士の方々、東北の震災の時には日本に駆けつけて救助活動を行なったそうです。

Ayumi SHINO

day 162

パリの自転車事情

　自転車ファーストになりつつあるパリの道路。

　だいぶ自転車乗りが増えている一方で、石畳の上を走るのが危なかったり、一方通行が多くてややこしかったり、そんな中でびゅんびゅん飛ばす自転車におののいてしまったり、自転車の盗難も多かったりなどのデメリットもあり、二の足を踏む人も。

　ストライキが理由で公共交通機関がまったく機能しなかった時、仕方なく何度か、ヴェリブ（レンタル自転車）やトロチネット（電動キックボード）を試しましたが、何度も危険を感じたし、冬は寒いし、やっぱりできれば乗りたくない……。

　それはさておき、街に無造作に停めてある自転車は、大概けっこう古そうで10年選手はザラ、ひょっとしたら20年選手のものもありそう。

　「パリの人は古いものを大切にする」というけれど、アンティークショップや蚤の市よりも、こっちのほうがリアルにそのことを実感できる気がします。

Mami OKAMOTO

day 163

生まれ変わったベルヴィル界隈

「ひとりで歩かないほうがいい」とか「治安が悪い」と言われていた、パリの移民街、Belleville。

　個人的指針ですが、ここ数年は危険を感じることはないし、むしろ素敵なレストラン、ワインバーやエピスリーなどがたくさんできて、様変わりしました。

　　ベルヴィル駅から通りを北へ。約1キロメートルの急な坂道沿いには、中華レストラン、アラブ系ファストフードのお店がずらり。登りきったら、足がパンパンです。頂上の駅は、ピレネー山脈と同じ綴りの「Pyrénées」。標高差60メートルのこの坂の上り下りを、私は個人的に「登山」「下山」と呼んでいます……。

　さて、若干話がそれましたが、異国情緒溢れる坂を抜け、ジョルダン駅の周辺までくると、雰囲気がガラッと変わります。BIOのスーパーやエピスリー、パン屋もたくさんあり、センスのいい雑貨店も増えています。

Mami OKAMOTO

day 164

隠れた名産品、じゃがいも

　フランスの名産品といえばワインやチーズですが、実は、個人的に一番身にしみているのが、じゃがいもが美味しい、ということです。素朴でほっこりしていて、味も香りも抜群にいいし、種類も豊富。

　特にバスティーユのマルシェに出店しているピカルディの農家のじゃがいもが気に入っています。りんご、じゃがいも、洋ナシしか売っていなくて佇まいは素朴そのもの。本当に彼らがもぎたて掘りたてを市場まで持ってきているようで、大きさも不揃いだし、見た目は華やかではないし、マルシェの端っこにあるのですが、行列しています。じゃがいもはいくつか種類があり、いろいろ試してみてますがどれも美味しい！　しかも安い！　1キロ＝約1ユーロ。

　煮ても焼いても、揚げでもおいしいですが、フランスはバターも塩も美味しいので、茹でてシンプルに食べるのがおすすめです。

Mami OKAMOTO

day 165

ストリート・フードの最高峰

　パリ10区の移民街、フォーブル・サン・ドニ通りにある行列ができるサンドイッチ屋さん「Urfa Dürüm」。ここで食べられるのはクルド人のトラディショナルなサンドイッチで、窯焼きのナンのようなパンに野菜や肉を載せ、巻いて食べるラップサンドのようなもの。これが、信じられないくらいのもちもち感と絶妙の歯ごたえで本当に美味しい。日本人の味覚にもすごく合います。

　注文を受けてから、生地を窯で焼き、お肉も炭火で焼くので、5〜10分ほど待ちます。少し焦らされますが、窯と炭火で焼く香ばしさと出来たてなところが美味しさの決め手かもしれません。

　値段も7ユーロから8.5ユーロの間で、パリの物価を考えるとかなりお手軽。パリではここ数年ストリート・フードの人気が高まっていますが、ここは最高峰と言っても過言ではない名店です。

Mami OKAMOTO

day 166

意外とあなどれない、エッフェル塔モチーフ

　パリに住んでいると、観光客向けのお土産屋などは素通りしがちなのですが、たまに目が合ってしまい、放っておけないものに出会います。このエッフェル塔のぬいぐるみもそうで、どこにでも売っているほどポピュラーでもなく、サン・ミッシェル、モンマルトル、シャンゼリゼの一部のお店でしか見たことがありません。

　実は、お土産にはこういったわかりやすいモチーフの雑貨のほうが喜ばれたりする傾向にあり、意外とあなどれないものです。

　今までのお土産で一番受けたのは、エッフェル塔のキーホルダーを多色買いして、友人達の集まりの場で「好きなの選んでいいよ」と言った時でした。

　いつも、美味しいお菓子や食材を厳選していたけれど、安上がりだし、かさばらないし、賞味期限を気にしなくてもいい。「そうか、やっぱりエッフェル塔モチーフって喜ばれるんだな」と目からウロコでした。

Mami OKAMOTO

day 167

フランス人とデニム

　フランス人の夏の定番スタイルといえば、白いTシャツとデニム。シンプルだからこそ、デニムの色味とシルエットがスタイルを左右します。

　フランス人が求めるセクシーさといえば「お尻」なのだそうで、男女ともに比較的スリムで、上品なストレートシルエットのものをジャストサイズで穿いている人が多いです。

　ブランドでいえば、A.P.C. やリーバイスを穿く人が多いように思いますが、個人的観測でいえばパリジェンヌたちは、リーバイスの501がよく似合います。

　脚の長さと腰の高さ、キュッと上がったヒップは、やや股上の深いストレートジーンズにぴったり。多少ぽっちゃり体型でもすごく格好いいのです。日本人の体型には501は難しいので、これは本当にうらやましい限りです……。

Mami OKAMOTO

day 168

スペイン国境の街、バニュルス・シュル・メール

　Banyuls-sur-Mer は、フランス南端、地中海を望む小さな街。燦々と太陽が降り注ぎ、フランスとは思えないほど温暖な気候で、大変魅力的な海沿いの街です。

　この街には、日本人の自然派ワイン生産者、庄司宏史さん、里恵さん夫妻が暮らしています。彼らの畑「Pedres Blanques」は、アンリ・マティスが愛した港町、Collioure の急斜面の丘陵地にあり、景色も最高。

　自宅近くのカーヴでワインの醸造まで夫婦で行なっています。

　また、ここはスペインまで 20 キロメートルほどという国境の街。彼らの家を訪ねた時、美味しいパエリアを食べるためだけにスペインに行きました。車でたったの 30 分で違う国。陸続きの国ならではの楽しい経験です。

　ほんの少しの距離なのに、国境を越えると急にフランス語が通じづらくなるのも面白いところです。

Mami OKAMOTO

day 169

サヴィニャック三昧

　パリから北西へ約 200 キロメートルの地に位置する Trouville-sur-Mer には、街のあちこちにサヴィニャックの壁画があり、風景に溶け込んでいます。彼はこの地で晩年の 23 年間を過ごしましたが、当時すでにフランスを代表するポスター画家であった彼を、市民は喜んで迎えました。

　移住当時 70 歳を超え、ほぼ隠居生活だったはずの彼が、市のロゴマークをデザインしたり、地元の施設のために作品を多く残したというエピソードからも、彼が気取らずに街に根付いて生活していたことがわかると思います。

　この街を訪れる機会があればぜひ、ツーリストオフィスで地図を手に入れ、サヴィニャックの壁画を見て回ってください。

　小さな街なので、散策がてら作品を見つけるのが本当に楽しいし、サヴィニャックが愛し、愛された街なのだなということを実感できるはず。砂浜の遊歩道にも、彼の絵が 30 作品ほど飾られているのでこちらも必見です。

Mami OKAMOTO

day 170

夏の風物詩、野外シネマ

　パリでは毎年夏、19区のラ・ヴィレット公園（Parc de la Villette）で野外シネマ「Cinéma en plein air」が開催されます。

　パリとは思えないほど開放的な芝生の広場に巨大スクリーンが設置され、無料で映画を観られるとあって市民たちにも大人気。映画は日替わりで、フランス作品に限らずハリウッド映画や新旧の名作、アニメーションなどもラインナップ。日本映画が上映されることもあります。

　上映が始まるのは太陽が沈むのと同時。夏の日没は22時くらいなので、皆20時頃から広場に陣取り、暮れゆく空を見上げながら日没を待ちます。実はこの時間がメインなのでは？というほど気持ちいいです。

　ただ、この野外映画で気をつけたいのは、日没後はびっくりするほど寒くなるということです。しっかり防寒対策をして、ぜひ。

Mami OKAMOTO

day 171

庶民の味方、アリーグル市場

　月曜日を除くと毎日やっている、パリ 12 区の活気のあるマルシェ。屋外市場と常設の屋内市場、蚤の市をまとめて楽しめるというのが特徴です。ただ、地元に根付いた市場のため、かなり庶民的な雰囲気で、蚤の市のほうもガラクタ多め。初めて来たらびっくりするかもしれません。でもそこが楽しいところでもあります。

　蚤の市は、じっくり掘ればいいものが見つかる穴場でもあるし、屋外市場には安くていいものが揃っている、まさにパリの台所。

　要は、パリのリアルが感じられる、いい市場なんです。

　近所には評判の精肉店や中華食材店もあり、日本人にはうれしい場所。さらに、クロワッサンとパン・オ・ショコラが美味しい有名ブーランジュリー、Blé Sucré （ブレ シュクレ）もあるので、朝早く来て、ここで朝ごはんを食べるのもおすすめです。

Mami OKAMOTO

day 172

蚤の市でカフェ・オ・レ・ボウル探し

　パリの週末のお楽しみといえばブロカント。ブロカントのある朝は、早起きして白いテントを目指します。

　パリ3区ブルターニュ通りで年2回開催されるブロカントで人気のマダムのブースにはいろんなサイズのカフェ・オ・レ・ボウルが毎回たくさん並びます。

　カフェ・オ・レ・ボウル、実はフランスではシンプルに bol（お碗）と呼ばれており、パンをスープに浸して食べるための器として使われていたそうです。だから、いろんなサイズのものがあるんですね。

　生産された年代によって流行があり、絵柄や色使いが違っているのも魅力のひとつ。絵柄の Pochoir（ステンシル）は手作業でつけていたためそれぞれ微妙に色や位置が違っており、手作り感があってより愛らしく感じます。

　ブロカントでお気に入りが見つかったら、おうちでゆっくりカフェタイムを。

Maki KINAKA / Photo by Yusuke KINAKA

day 173

マドレーヌのおへそは潰さない

　フランス人の誰もが大好きなマドレーヌ。パン屋さんに並んでいるのは昔からの少し甘めで懐かしい味。子供が学校の帰りに食べる定番のおやつです。パティスリーで売られているのはバターたっぷりの少しリッチな味。

　いろいろなタイプのマドレーヌがありますが、共通しているのは貝殻の形をしていること。マドレーヌは、18世紀ロレーヌ公国（現在のロレーヌ地方）の美食王のために、Commercy（コ メ ル シ ー）という街に住む使用人のマドレーヌがホタテの貝殻を使って焼いたのが始まりといわれています。その後にヴェルサイユ宮殿で評判となり、パリでも人気に。

　本場コメルシーではマドレーヌは木箱に入って売られているのですが、これは運送の際にお菓子が壊れないようにということから。なぜなら、マドレーヌの表面にはBoudotte（ブ ー ド ッ ト）（マドレーヌのおへそ）といわれる膨らみがあってこれが美味しく焼けている証拠。だから、おへそを潰してはならないのです！

Maki KINAKA / Photo by Yusuke KINAKA

day 174

ブロカントのお店

　パリに来た当時、週末などに足しげく通っていたサン・ポール駅から少し離れた、アンティークやギャラリーが軒を連ねるヴィラージュ・サンポールにある可愛らしいブロカントのお店 Au Petit Bonheur La Chance。

　写真の通り、天井から床まで、棚という棚に可愛らしくて飾っておきたい！　と思うもので埋め尽くされています。品揃えは、1920 ～ 70 年代のフランス雑貨を中心に、古き良き時代のレトロなキッチン雑貨、ステーショナリー、レースなどの布、絵本、おもちゃなど。当時は、ここにあるようなフレンチ雑貨が大好きで、ブリキのキャニスターやステンシル模様のカフェ・オ・レ・ボウルを集めていました。

　週末早起きして蚤の市へ行っても、欲しいものや状態の良いものがなかなか見つからず、ここに来てはちょっと高いんだけど欲しいなあ、と眺めたり。今も、当時の私にとっては高額商品だった Torchon（ふきん）などを大切に持っています。訪れるたびに当時のワクワクした気持ちを思い出し、懐かしくなります。

Maki KINAKA / Photo by Yusuke KINAKA

day 175

隠れ家的な予約制のインテリアショップ

　このモダンで素敵なお部屋、こんなおうちに住んでみたい！と思いませんか？

　実はここは、アパルトマンの中にある隠れ家的な予約制インテリアショップ。パリでは、店舗はすべて道に面した路面ばかりで、日本のように建物の何階かにお店があることはめったにありません。なので、パリでこのお店は新しいスタイル。実際に、アパルトマンを改造して本当に室内を飾るように商品が置いてあり、部屋作りをイメージしやすいですよね。

　家具は、ヴィンテージのデザイナー家具で状態も良く、お手入れも完璧。その他の花瓶やTapis（敷物）などのインテリア雑貨も同じくデザイナーもので、量産品とは違うオリジナリティや温かさを感じます。

　ブロカントと同じで、一点物の家具や雑貨は出会い。気に入りながらも、数日悩んでいるうちに売り切れてしまった、はよく聞くお話。もう悩んでなんかいられない、たとえ金額が予算オーバーでも！？

Maki KINAKA / Photo by Yusuke KINAKA

<u>day 176</u>

パリの空はグレージュがしっくりくる

　パリの空はグレー色。小説か歌のタイトルみたいですが、パリにはグレーカラーが似合います。

　すっきり晴れ上がったパリの空もいいのですが、やっぱりこのグレージュ？というか、白っぽく霞がかかったような色の空は独特。アパルトマンの屋根の色とも示し合わせたようで、シックという言葉が本当にピッタリです。

　中心地にあるポンピドゥー・センターのルーフトップに出てみましょう。ここは現代美術館ですが、カフェやレストランもあり、なんといっても素敵なのはこの眺め。美術鑑賞帰りの寄り道、カフェをしながらのんびり景色を独り占め。うーん、なんて贅沢な時間……。窓の明かりが灯り始め、夕日のオレンジとグレーが混じり合う頃もまた美しい時間です。たとえ嫌なことがあっても、この景色を観たら元気が出ます。パリの風景は心のビタミン剤！

Maki KINAKA / Photo by Yusuke KINAKA

day 177

ピガール地区のネオン

　9区と18区の間に位置するPigalle（ピガール）周辺は、昔から歓楽街としてナイトクラブにバーなど賑やかな夜の顔を持つカルチエ（地区）。

　かつては「夜の女子一人歩きは危険」と囁かれる場所でしたが、ここ数年BOBO（bourgeois bohemian（ブルジョワーズ　ボヘミアン）の略語）の街として美味しいレストラン、自然派ワインのカーヴにカフェやブーランジュリーなどが集まり、あっという間にソーピィ（SoPi: South Pigalle（サウス　ピガール）地区の略語）なんて呼ばれるパリっ子の住みたい人気エリアに。昼間は、ストリート系ファッションのお店や古着屋さんを覗いたり、休憩はヴィーガン系カフェで。有名メゾンのデコレーションを手掛けるフローリストDEBEAULIEU（ドゥボーリュー）でお花を買うのも素敵です。

　そして、楽しいのは夜遊び時間！　おしゃれな隠れ家ホテルのルーフトップでカクテルを頂きながら、街の喧騒と風に吹かれるのがピガールでの正しい過ごし方！

Maki KINAKA / Photo by Yusuke KINAKA

day 178

ポン・ヌフ

　ノートルダム寺院のあるシテ島を南北に挟む(Pont Neuf)。

　ポン(Pont)は橋の意味なので、日本語でいうとヌフ橋。「新しい橋」という意味ですが、実はパリの中で一番古い橋。ということは、右岸と左岸、歩いて行き来できるようになった初めての橋なんですね！　橋には、ところどころに半円形の形をした観覧席のような場所があり、腰かけられるようになっています。

　ここに座ってエッフェル塔を観たり、待ち合わせに使ったり、ポン・ヌフは人の往来も多く、パリっ子にとって親しみある橋。右岸からひとつ目の橋を渡って階段を降りるとシテ島の先端にあるヴェール・ギャラン公園につながっています。

　先端に座ってセーヌ川を往来する観光船を観ながらピクニックするのは、学生達の夏の定番。ワインやサンドイッチをつまみながら、のんびりおしゃべりを楽しむ人達を橋の上から見ることができます。

Maki KINAKA / Photo by Yusuke KINAKA

day 179

朝食のクロワッサンを買いに

　モンマルトルの丘を登ってレストランがたくさん集まるテルトル広場の一角にある Carette。そう、ヴォージュ広場やトロカデロでおなじみのお店がここにもあるんです（ちょっと小さいけど）！　我が家からそんなに遠くないので、早起きしてかつ元気がある時は足を延ばします。ここでクロワッサンを買って、サクレ・クール寺院下の階段に座ってかじるも良し（晴れた日の朝は最高に気持ちがいい）、もちろん持ち帰って食べるのも良し！

　クロワッサンには2種類あって、真っすぐな巻きロール、バターたっぷりでサクパリっな Croissant au beurre。

　もう一つは昔からある三日月の形の Croissant ordinaire。言葉通り"普通のクロワッサン"のこちらは、植物油脂やマーガリンを使用。オルディネールのほうがちょっとお値段もお手頃です。

Maki KINAKA / Photo by Yusuke KINAKA

day 180

田舎の蚤の市

　田舎の週末で一番の楽しみは、小さな村で行なわれる Vide-grenier、Foire a tout と呼ばれる青空市。ガレッジセールです。田舎の道を走っているとロン・ポワンといわれる円形のロータリー方式の交差点にその週末に行なわれるヴィッド・グルニエとフォア・ア・トゥのお知らせが貼ってあります。見逃したらもう一周ゆっくり回れば問題なし（笑）。パリの蚤の市とは違い掘り出し物があり、値段も激安です。知らない村を訪れる楽しみもあります。
　les Andelys という古城がある町の旧市街で定期的に行なわれるブロカントが気に入っています。田舎のブロカントはプロのディーラーさんが出店しているのと地元の人がいらないものを売るガレッジセールとが混ざっています。もし収穫がなかったとしても、街を探索して小旅行気分を味わえるのも田舎の蚤の市のいいところです。

Masaé TAKANAKA

day 181

植物園の中にある動物園

　パリ植物園の広い敷地の中にパリっ子お気に入りの動物園 La Ménagerie le Zoo du Jardin des Planets があります。1794 年に開園した歴史のある動物園です。約 180 種、およそ 1200 匹の動物が収容されています。

　もともとは学術研究のために作られただけあり、鳥類、哺乳類、爬虫類などが、種の保存や研究のために飼育されているそうです。そのため、パンダやキリン、象などの動物園のスターはいません。

　しかし、絶滅危惧種や珍しい動物を見られること、パリ中心にありアクセスが簡単なことが魅力です。植物園のついでにちょっと寄れる感じも気に入っています。

　私のおすすめはフラミンゴ。パリの中心にいながら南仏のカマルグにいるかのような（南仏のカマルグ地方には野生のフラミンゴがいることで有名）この光景を見たくて何度も通っています。動物園を見学しているというよりは植物園の中を散歩している延長で見られる自然がたっぷりな見せ方もリラックスできます。

Masaé TAKANAKA

day 182

子供に人気の馬研修

　フランスの子供達は1か月半に一度、2週間のバカンスがあります。バカンスの過ごし方としては、パリ市やアソシエーション、プライベートでオーガナイズしている研修体験が人気です。サッカーやサーカス、ダンスなどいろいろとあるのですが、ノルマンディーの馬研修もひときわ人気で、パリ市のオーガナイズによる1週間合宿もあります。

　通ってくる子の半分がパリ組です。自分の担当する馬の名前が毎日張り出されているので、小屋まで探しに行き、ブラッシングして馬装を整えて、いざ出陣。最後は森を散歩して終了する贅沢なコースです。

　「馬にも相性があるんだよ。気の合う馬とは風のように走れる。気が合わない馬とは歩くことも難しい」と息子が話していたら、先生が「気の合う馬だけじゃなく、気の合わない馬ともバランス良くレッスンさせます。人間関係と同じ。社会に出たら気の合う人ばかりのつながりではないからね」と笑い飛ばしていました。

Masaé TAKANAKA

day 183

洋ナシ〜季節の果物〜

　夏も終わりになる頃、田舎の家の裏庭で収穫を楽しみにしているのが洋ナシです。フランスにはたくさんの種類の洋ナシが市場に並びます。Conférence（コンフェレンス）と呼ばれているジューシーで甘くシャキシャキ感があるものや、William（ウィリアム）というイギリスが原産のみずみずしくトロンとした甘さのものなど。

　我が家でも最初にコンフェレンスが収穫され始め、冬支度を始める頃までウィリアムが食べられます。

　洋ナシはそのまま食べてもおいしいのですが、保存しておいて冬の間も楽しめるようにコンポートを作ります。

　花がなくなるこの時季、キッチンで佇んでいるいびつな洋ナシはまるでオブジェのようで、それを眺めるのも私のお気に入りの時間です。

　毎朝裏庭に行き、自然に落ちたものを収穫して、順番に熟れたものを食べていくのですが、なくなる頃には田舎の家も冬支度を本格的に始めます。

Masaé TAKANAKA

day 184

ランド県の自然

　フランス南西部。バスク地方ほど観光では有名ではありませんが、ランド県は森や湖、川と自然が多く、大西洋岸に伸びる 106 キロメートルの砂浜、広大な海松の森が魅力的でフランス人の夏のバカンス先として注目を浴びてきました。

　素晴らしいのは海だけではなく、ランドの森も人気です。

　森林地帯は県面積の 67 パーセントにもなります。1790 年に県として制定されましたが、一部水はけの悪い荒野で覆われているため、Landes という荒れ地を意味する言葉が地名となったとされています。

　19 世紀までは羊飼いが暮らす湿地で、竹馬を使って家畜の世話や農作業をしていた写真がポストカードになっています。サーフィンをしたり、森をサイクリングしたり、川や湖でカヌーをしたり、我が家もランド地方の自然に魅了されて毎年通っています。

Masaé TAKANAKA

day 185

エコ・プラスチックの再利用

　フランス政府が 2025 年 1 月 1 日までにプラスチックのリサイクル率 100 パーセントを目標とすると発表しました。使い捨てのプラスチックのレジ袋は 2016 年から、レジ袋以外の果物や野菜用の（量り売り用などの）プラスチック袋は 2017年から禁止されています。さらに、ファストフードなどの飲食店に対し、2023 年から店内飲食用に再利用できるカップ、グラス、カトラリーの使用を義務付けることに。今ではどこで買い物をしてもマイバッグに入れるのが常識になりました。

　我が家の裏にある運河に突如現れた浮かぶ小屋。聞いてみると、ペットボトルなどのプラスチック廃棄物から抽出した PET をリサイクルして環境への負荷を大幅に軽減しながら、同一デザイン、高性能で耐久性のあるプロダクトを開発・販売しているとのこと。小屋の中にはスポーツウェアが並び、運河沿いを走るランナーにプレゼンテーションしていました。

Masaé TAKANAKA

day 186

田舎暮らし：野花をピッキング

　田舎の家に到着すると、まずは家の中や庭に生えている花や野花を摘んできて生けることから始まります。閉まりきっていた部屋の空気がふわっと変わる瞬間です。パリで生活していると季節の花が途切れることなく、いつでも花があるものだと思ってしまいますが、田舎ではそうはいきません。

　春から初夏にかけては庭にもリラからスタートして色とりどりの花が咲きます。

　真夏になると庭には花がなくなるので、散歩途中の野道で野花や枝の実などを拝借してきます。野生化した枝スイートピーやカモミールの花も刈り取った麦畑に満開になっていることもあります。

　野バラが咲き終わった後のローズヒップの赤オレンジの実はとても可愛いので、見つけると必ずピッキングします。暖炉の上でゆっくりドライフラワーになっていく様もとても美しいものです。

Masaé TAKANAKA

day 187

緑豊かなサン・ジャン・カップ・フェラ

　Saint-Jean-Cap-Ferrat は地中海に突き出した緑豊かな半島で、海辺のリゾート地です。コート・ダジュールの主要な高級住宅地のひとつで、ほとんどが富裕層の住宅というのもうなずける素晴らしい邸宅が並んでいます。高台から見るマリーナには映画『太陽がいっぱい』を思い起こさせるヨットや豪華客船が並びます。半島の先端にあるグランド・ホテルは、一度は泊まってみたい憧れのパラスホテルです。海に面したプールは海水の温水プールなんだとか。その半島に沿ってお散歩できる散歩道がおすすめです。自然にできた岩の美しさ、どこまでも青い海。ため息が出る光景です。ヴィラ・エフルッシ・ド・ロチルド(大富豪モーリス・エフルッシの妻、ベアトリス・ド・ロチルドが建てた豪奢な別荘)やジャン・コクトーが外装と内装を手がけたラ・ヴィラ・サント・ソスピールなどの大富豪の邸宅が見学もできるので、凝った建築や調度品、美術品が見られておすすめです。

Masaé TAKANAKA

day 188

ニースから行くヴィルフランシュ・シュル・メール

　ニースに仕事で訪れた時、現地のフランス人ドライバーにとっておきの場所で朝ご飯を食べようと連れていってもらったのが Villefranche-sur-Mer の港町でした。地中海を見下ろす高台にあり、ニースからも車で 30 分で行けるアクセスの良い街です。

　旧市街と湾は南仏らしい色とりどりの家が並んでいて、今まで数々の映画撮影にも使われて「自然のロケーションセット」と呼ばれているとか。ヒッチコック監督の映画『泥棒成金』やショーン・コネリー主演の映画 007『ネバーセイ・ネバーアゲイン』の一部も撮影されたそうです。

　小さな礼拝堂「サン・ピエール礼拝堂」が見どころです。海で働く漁師のために建てられた教会で、ジャン・コクトーが 1957 年にこの礼拝堂の修復と装飾を行なっています。壁画が素晴らしいのでぜひ訪れてみてください。

Masaé TAKANAKA

day 189

夏のひまわり畑

　花の都、モードのパリといわれていますが、パリから一歩出るとフランスは国土の 50 パーセント以上が農用地です。西ヨーロッパ最大の農業国で、穀倉地帯が広がります。

　車で田舎に向かう時には、小麦畑のグラデーションがパッチワークのようになっていてとても美しい風景が見られます。

　春先には麻の花が真っ青に何ヘクタールも咲いて湖のように見えたりし、初夏にはコクリコ（ひなげし）が真っ赤にひらひら揺れている野の眺めに、心躍ります。

　ゴッホの絵のようなひまわり畑は真夏に見られます。夏のエネルギー満開です。夏のバカンスで南に下っていく時にひまわり畑を見るとワクワクします。

　夕食後の散歩でふらっと入った脇道にひまわり畑が広がっていました。「La vie est belle（人生は美しい）」。フランス人の待ちに待った夏のバカンスがスタートします。

Masaé Takanaka

day 190

パリ・バカンス中の公園

　バカンスを大好物とするフランス人にとっては年に 1 回の大イベント、夏のバカンス！　7 月 14 日の革命記念日（パリ祭）は、フランス語では「14 juillet ／ キャトーズ・ジュイエ」と日付で呼ばれることが一般的。この日を皮切りに多くの人が各自バカンスに出かけます。

　昔のフランス人は 1 か月以上バカンスを取っていたそうですが、最近ではそうもいかず 2 ～ 3 週間が基本だそう。

　多くの人が出かけてしまったパリの公園は、まるで別世界のように静まり返っていて貸切り状態なんてことも。日頃は奪い合っている公園内に設置してある椅子達もバカンスを取っています。

　こんなにも静かな時季に疲れた体を広げて芝生の上でいっぱいの太陽を浴びたり、木陰で寛ぐことができるのも夏のバカンスシーズンだけです。

day 191

ポニー乗り場

　どこの国でも週末はゆっくりと自宅で過ごしたいと思っている疲れたお父さん、お母さんは多いはず。ここフランス・パリでも、疲れた体に鞭打ってという様相で、子供にせがまれて外出している家族を目にすることがしばしばです。

　遊園地が少ないパリでは、郊外に出かけたり、公園に出かけて自然に触れ合ったりが主流です。そんなパリっ子たちに人気なのは乗馬！　フランスでは幼い時から乗馬を習う子が多く、まずはお試し体験として、公園にいるロバ、ポニー乗りから始めます。

　1回3〜5ユーロ（450円くらい）を払うと公園内を1周してくれて、10回で25ユーロ（3200円くらい）、20回で40ユーロ（5200円くらい）とお手頃価格。

　パリ市内やパリ郊外にはたくさんのポニー乗り場がありますが、月齢15か月以上で体重30キロまでの人なら乗ることができます。

※金額はパリ Jardin du Luxembourg（2021年現在）の例。

Morimitsu MIYAMOTO

day 192

ニース

　南フランスを代表するコート・ダジュールの中心地、「リビエラの女王」とも称される人気のあるリゾート地のニースは、19世紀からヨーロッパのセレブたちを魅了してきました。

　海岸沿いの Promenade des Anglais を散歩したり、旧市街の市場でひよこ豆のクレープ Socca をつまみながらお土産物を探したり、マチスの美術館でアートに浸ったりするのも楽しみです。ニースを拠点に Èze や Antibes、Grasse など美しい小さな村を訪れるのもいいかもしれません。

　パリからニースに行く際、飛行機の席は、行きの場合は左側の窓側、帰りは右側の窓側をぜひ予約してください。アルプス山脈の絶景が望めるのと、地中海の海辺からニースの空港に急降下する素晴らしいスペクタクルを体験できます。ニースからパリに帰る最終便では素晴らしい夕陽が見られて、夢のような時間を過ごせます。

Masaé TAKANAKA

day 193

ヴィーガンのためのお店

　ヴィーガンとは、食事だけでなくライフスタイルすべてにおいて、動物性食品や製品を使わない生き方を選び、肉や魚を食べないベジタリアンよりも厳しく、卵や乳製品、ハチミツなど動物由来の食材を摂取しない完全菜食主義者のこと。動物のため、地球環境のため、健康のためなど理由は様々です。

　2016 年にオープンした WILD & THE MOON は、オーガニック、プラントベース、無添加、プラスチックフリー、グルテンフリーをコンセプトとした、100 パーセントヴィーガンの新しいタイプのカフェで、パリのヴィーガン・スタイルに衝撃を与えた存在でもあります。都会生活で不足がちな、食材の栄養素を損なわない低温調理のローフードやコールドプレスジュースを求めて、モデルやパリジェンヌたちが毎日集まります。

　一見プラスチックに見える容器はすべて生分解性のもので、メニューだけでなく、サステナブルなこだわりと驚きが詰まったお店です。

Yui TANIGUCHI

day 194

豊かな食文化を未来につないでいくマルシェ

　パリのマルシェはいつも活気に溢れています。パニエを持った人々で賑わう青空市場には、新鮮な野菜に果物、ハーブや香辛料、肉に魚、卵、乳製品やチーズのスタンドが並び、中でもパリ近郊の農家の直売店は人気で、いつも行列です。

　近年では、オーガニック認証を取得していなくても、できる限り減農薬でこだわりを持って生産されている農家が増えています。

　肥沃な土壌で育った、泥のついたままのワイルドな根菜や、色とりどりで形も様々な宝石のような旬の野菜、初夏には、畑の脇で穫れたお花が、野菜と共に売られていて、花屋とはまた違った無造作なブーケに心を奪われ、思わず買ってしまいます。

　野菜や花を抱えたおじいちゃんや子連れの家族を見ていると、豊かな食文化を未来につないでいくための、暮らしの彩り方を知っているパリの人々がいつも大切にしているものが伝わってきます。

Yui TANIGUCHI

day 195

オーガニックを選ぶ意識

　BIO（ビオ）と呼ばれるフランスのオーガニック商品。有機農法で育てられた農産物や加工品といった食品はもちろん、コスメや洗剤なども生活に浸透しています。

　最近は大手スーパー MONOPRIX（モノプリ）や Carrefour（カルフール）にも BIO のコーナーは必ずあり、オリジナルブランドも展開されています。

　Biocoop（ビオコープ）や NATURALIA（ナチュラリア）などのオーガニックの専門店では、サステナブルでエコな日用品やキッチン用具、掃除道具、生活雑貨も手に入ります。

　近年増えてきているのは、プラスチックゴミを出さない生活のための商品。蜜蠟（みつろう）とオーガニックコットンで作られた、繰り返し使えるラップや、フルーツや野菜の切り口を覆うシリコン製のカバー、天然素材のスポンジ、豆やパスタを保存するガラス瓶などです。そして化学薬品ではなく重曹や酢を使った掃除用洗剤も。店内には、シンプルで地球に優しい暮らしのヒントが溢れています。

Yui TANIGUCHI

day 196

産地直送のローカル青果店

　オーガニック・スーパーは街にすっかり定着し、最近増えてきているのは、生産者から直送の新鮮な野菜や果物、産みたて卵が手に入る青果店です。

　こぢんまりとした温もりのある店内に、地元で生産されたオーガニックの食材がずらりと並びます。Au Bout Du Champ という店では、パリ近郊 100 キロメートル圏内の契約農家から、その日の朝に収穫された採れたての野菜が、無人販売機で購入できます。

　欲しい食材をネットで注文して取りに行くという、朝の BIO マルシェに行くことができない忙しいパリっ子にはうれしいシステムも。ハチミツや、生産者の自家製ジャムやジュースなども販売されています。

　昔、日本の畑の脇にあったような無人販売所が、こんな都会でおしゃれなシステムで広まるなんて。古き良きエコでサステナブルな循環の輪が、時代を超え形を変えて戻ってきたようです。

Yui TANIGUCHI

day 197

地球環境にやさしい選択

　フランスは数年前からスーパーでのビニール製のレジ袋が廃止され、飲食店の
テイクアウトのトレイなども紙製や生分解性の土に還る素材のものに切り替わり
始めています。食品や加工品の包装も最近は紙製のものに少しずつ変わり、
2040年までに、使い捨てプラスチックゼロの社会を実現するという世界初の政
策に取り組んでいます。

　スーパーの野菜や果物は、昔から、日本のようにビニール包装やパック売りでは
なく、そのままの状態で売られており、ほとんどが量り売り。ナッツやドライフルー
ツ、豆類、パスタなどの量り売りコーナーも増え、オーガニック専門店に行くと、洗
剤やシャンプー、オイルやワインまで、マイボトル持参で必要な量だけ買うことがで
きます。

　最近は、店内すべてが量り売りオンリーのゼロ・ウェイストのお店も登場し、ます
ますレジリエントでサステナブルな社会を目指しています。

Yui TANIGUCHI

day 198

乳歯ケースの思い出

　フランスでは子供の乳歯が抜けると、その夜は枕の下に入れて寝ます。眠っている間にネズミがやってきて、抜けた乳歯をコインに交換してくれるという言い伝えがあるのです。

　私も娘に周りのお友達と同じように、歯が抜けた日は、夜中にこっそりコインに交換してあげていました。

　ある日、学校の給食の時間に、ぐらぐらだった歯をうっかり飲み込んでしまった娘。寝る前に深刻な顔で「枕の下に歯がないから、ネズミさん来なかったらどうしよう」と心配しましたが、どうやらネズミさんは娘のお腹の中に歯があることがわかったようで、コインを持ってきてくれたのでした。

　枕の下に置いた歯は、その後、乳歯ケースに入れて大切に保存します。我が家のこのケースを見るたび、抜けた数よりひとつ足りない乳歯の懐かしいエピソードを思い出し、とうとうネズミの話を信じなくなった娘の成長を愛おしく思うのです。

Yui TANIGUCHI

day 199

パリ発祥地の地といわれる歴史あるシテ島

　パリ発祥地の地といわれる歴史あるシテ島。パリ中心を流れるセーヌ川の中洲にある小さな島の夕焼けはとってもロマンチックです。特に秋の紅葉時はパリ最古の橋、ポン・ヌフが木々の葉の色と相まってそう感じさせるのかもしれません。

　パリは高い建物がないせいか空がどこまでも広がっているように見え、日本だと北海道の空と似ている気がします。

　9 月末でも日没は 20 時前後なので、秋晴れの日にはシテ島の先端でピクニックをする人もよく見かけます。左岸に住んでいた頃は、シャルキュトリーで簡単にハムやおつまみを買ってワインを持っていく、気軽なピクニックスタイルを楽しんでいました。川べりに座り、沈みゆく夕日を眺めながら、行き来する観光船にみんなで手を振ったり。

　ワインを飲みながらのんびりする時間、こんなことができるのもパリならではの暮らしかもしれません。

Maki KINAKA / Photo by Yusuke KINAKA

<u>day 200</u>

フランス版プリクラ＝キャビン・フォト

　美術館併設のミュージアム・ショップ内や道路脇などで時々見かける
Cabine photo。
キャビンフォト

　四角くて全くイマドキでないアナログなこの箱が、証明写真スタイルのフランス
版プリクラ。しかもモノクロなのです。でも若いカップルには根強い人気。フランス
人のおうちに遊びに行った時も何枚もこの写真が鏡にペチッと貼ってありました。

　今日もお茶をしに行ったテラスカフェで横に座っていた可愛らしいカップルが、
帰り際に楽しそうにブースに入って写真を撮っていました。

　映画の中でデートの最中に撮ったりするワンシーンのように連続で変顔をして
みたり、ブースの中から笑い声が聞こえてきます。本当に仲良さそうにキスしながら
写真を撮っているので、周りのみんなも笑顔で見てしまいます。

　ちなみに、こちらのアナログ機械では、日本のプリクラみたいに目を大きくしたり
文字入れしたりの加工はされません。

Maki KINAKA / Photo by Yusuke KINAKA

day 201

タルト・ノワゼット

3区マレにある Bontemps Pâtisserie。
(ポントン パティスリー)

ここはシンプルな塩味が効いたサブレや、季節のフルーツを使ったタルトが大人気のお店。たっぷりとフルーツがのっているタルトは、どれを選ぶか毎回目移りして困るほどです。

秋になると、そんなキラキラタルトに混じってシンプルなタルト・ノワゼット（ヘーゼルナッツのタルト）が登場します。このしっかりローストされたノワゼットのタルトが絶品で、毎年楽しみに待っています。

フランスでは、8月末辺りから淡いグリーンの殻に包まれた、見た目はどんぐりのような生ノワゼット（ヘーゼルナッツ）がマルシェに並びます。殻を剝いて生で食べると青っぽさが残りますが、しっかりローストすると香ばしく、チョコレートと合わせると抜群の美味しさ。塩が効いたタルト台ともベストマッチ！　ぜひ皆さんにも食べてみてほしい秋のお菓子です。

Maki KINAKA / Photo by Yusuke KINAKA

day 202

秋のお楽しみ・黒イチジク

　8月も半ばになるとマルシェにはメロンや桃などの夏の果物に混じってイチジクが登場します。

　まず最初にちょっとグリーンのさっぱり系の甘みのイチジクが出回り、その後に出てくるのが黒イチジクです。みんなが大好き黒イチジク！

　Viollette de sollies（ビオレソリエス）という、このフランス原産のイチジクは、小ぶりなサイズで皮も薄く、フランス人はみんな皮ごと食べています。果肉はルビー一色でねっとり甘くて、まるでジャムみたいです。

　薄く切ったハムと一緒に食べたりもしますが、イチジクを使ったお菓子もこの季節ならでは。一番ポピュラーなのはイチジクのタルト！

　サブレ生地と一緒に焼き込んだイチジクのタルトや、ブリゼ生地の上にびっしり並べて焼いただけのタルト・オ・フィグ・フィン（イチジクの薄いタルト）など、どれもイチジクの甘みと旨味がギュギュっと詰まった秋のお楽しみです。

Maki KINAKA / Photo by Yusuke KINAKA

day 203

待ち遠しいセップ茸の季節

　マルシェに秋の美味しい食材が並び始めるとフランス人が心待ちにするキノコがあります。その名はセップ茸。フランスではキノコの王様で、間違いなく一番高額なキノコです。日本でいうところの松茸と同じ位置づけですね。人工栽培ができないキノコなので、森で収穫されたものがマルシェに並び、買う時には虫がいないかよく確かめたり香りを嗅いだり、吟味します。

　一番ポピュラーなのはバターでソテーしてイタリアンパセリを散らして頂く食べ方。この時バターをケチってはいけません！　周りのフランス人達もこの食べ方が最高だ！と言って譲りません。

　そして、私が最も好きな食べ方は洋風茶碗蒸し！　セップの旨味を閉じ込めたブイヨンで作る茶碗蒸しは、日本とフランスのマリアージュな味で毎年私の心をくすぐります。ああ、セップの季節が待ち遠しいなあ。

Maki KINAKA / Photo by Yusuke KINAKA

day 204

ガトー・バナーヌ

　焼きっぱなしで素朴なお菓子を出すカフェがパリにも増えてきました。

　焼き菓子は家にある材料を使い、作り方もとっても簡単。熟れたバナナがある日は Gâteaux banane を。人参を少し入れるとほんのりオレンジ色に、よりおいしそうに焼き上がります！

① すりおろした人参とピュレ状にしたバナナ各 100 グラムに卵 2 個を加えて泡立て器でよく混ぜる。

② メープルシロップ大さじ 3 と太白胡麻油 40 グラムを加えさらに混ぜ合わせる。

③ 薄力粉 160 グラムとベーキングパウダー 8 グラム、シナモンパウダー 4 グラムを入れゴムベラで軽く混ぜ合わせる。

④ 最後にローストして刻んだクルミ 50 グラムとレモン汁小さじ 1 を入れて軽く混ぜ、パウンド型に流し込む。

⑤ 180℃のオーブンで 30 〜 40 分、しっかり焼く。

Maki KINAKA / Photo by Yusuke KINAKA

day 205

自然派ワイン（ヴァン・ナチュール）

　BIO の食品やプロダクトを生活に取り入れているフランスでは、ワインも例外でなく有機やビオディナミ農法で作られた Vin Nature を好み、専門のワインショップも増え続けています。

　自然派ワインとオーガニックワイン、一緒のような違うような……言葉が違うだけ？と思っていましたが、決まりごとが微妙に違っているのです。

　オーガニックワインはぶどうの栽培方法が自然農法であること、自然派ワインは栽培と醸造方法の両方が自然であること。

　自然派ワインは天然酵母を使い手摘み収穫、瓶詰前のろ過も極力行なわず添加物も最小限に抑えます。だからでしょうか、果実そのもののフレッシュさや凝縮感と軽やかさ、どんなお料理にも合わせやすく、たとえ飲みすぎても翌日のツラさが少ない。ワイン好きがどんどんハマっていくのがわかる気がします。

Maki KINAKA / Photo by Yusuke KINAKA

<u>day 206</u>

ストリート・ミュージシャン

　パリはストリート・ミュージシャンが多い街。

　メトロ構内や列車内では許可証を持ったいろいろな国のミュージシャンがいつもどこかで演奏しているし、オペラ座前の階段や大きな広場などで音楽を演奏しているグループにもよく出会います。

　普通の暮らしの中に音楽が身近にあるパリ、私もここで暮らし始めて嫌なことがあった時に、この街の音楽家たちに何度も慰められたことがあります。

　クヨクヨしたり悲しいことがあっても、メトロの中で偶然出会ったミュージシャンの演奏に元気をもらったり、楽しそうなブラスバンドの音楽に立ち止まって聴き入り、その場にいる人達と一緒に手拍子を打つ瞬間も、生活の中にひとつの彩りを与えてくれました。本当に素敵だな、ありがとう、と思った時はきちんとお金を箱に入れています。笑顔で頷いてくれるミュージシャンに、メルシーと伝えながら。音楽は人と人とつなぐ素晴らしい存在ですよね。

Maki KINAKA / Photo by Yusuke KINAKA

day 207

アルザス地方の郷土料理タルト・フランベ

　フランス、アルザス地方の郷土料理 Tarte flambée は、薄ーくのばしたパン生地の上に玉ねぎやベーコンをのせてカリカリに焼いたもの。カフェやレストランで気軽に食べられる一品として人気です。ソースは、少し酸味のあるサワークリームやフロマージュブランを使うのが定番。ピザよりライトな食べ心地で、イーストを使わない生地で簡単に作ることもできます！

① 強力粉と薄力粉各 50 グラムに塩一つまみを軽く混ぜ、水 50 グラム、オリーブオイル 10 グラムを加え、ひとまとめになるよう手でこねる。

② ラップでくるみ、30 分ほど常温で休ませる。その間に具材（玉ねぎ 1/2 個を薄くスライス、ベーコン適量）を準備。

③ 生地を丸く薄く均等な厚さにのばし広げ（直径 22 〜 24 センチメートル）、上にフロマージュブラン 50 グラムを塗り、玉ねぎとベーコンを散らす。塩コショウをし、240℃のオーブンで 15 分ほど、焦げ目ができるまで焼く。

Maki KINAKA / Photo by Yusuke KINAKA

day 208

幕間の楽しみ

　オペラ座、シャトレ座、オデオン座……パリには多くの劇場があり、各劇場は芝居用、オペラ用、演奏会用など用途が分かれています。日々、大勢の観客が劇場で楽しむ様子は、さすが、芸術の都。休憩中の幕間（まくあい）にシャンパン片手に演目について語り合うのも芸術のひとつの楽しみ。

　エッフェル塔の向かいのトロカデロ広場の下にあり、1937 年のパリ万国博覧会のために作られたシャイヨー国立劇場（こちらの劇場は、コンテンポラリーダンスの公演が中心）には、もうひとつの楽しみが。幕間には、素晴らしいエッフェル塔の眺めが堪能できるのです。

　さらに、夜の公演の幕間には、シャンパンのようにキラキラと光り輝くエッフェル塔を拝めることも。

　ただでさえ素晴らしい芸術が、この粋なシチュエーションで、より特別な日になることは間違いありません。

Teruki ISHIBASHI

day 209

旬の食べ物〜秋編〜

　パリにカーディガン姿の人が多くなる頃には、セップ、ジロール、モリーユ、死の
トランペット Trompette de la mort ともいわれる黒いジロールなど、多くの種
類のキノコを味わうことができます。食べ方は、シンプルにバターで和えたり、オム
レツに入れたり、そして肉と合わせたり、様々な料理との付け合わせにも使用され
ます。

　そして、コートが必要な頃になると、ジビエの時季を迎えます。夏の生い茂る草
や秋のドングリをたくさん食べた鹿、イノシシ、リエーブル（野生うさぎ）、雉などが、
皮を剥がずに、そのまま精肉店の店頭に並び出します。

　野性味が強いので特別な調理法が必要なため、最近では家で調理する機会は
少なくなっているそうですが、やはりレストランでは秋の一番人気になります。森か
らの恵み、しっかり味わいたいですね。

Teruki ISHIBASHI

day 210

馬の乳を原料にした石鹸

　フランスの消費者は BIO の製品にとても敏感です。最近のコスメティックでは、BIO だけでなく動物実験不実施の商品も多く見られるようになりました。

　石鹸も BIO の店では多くの種類がありますが、その中でもロバや馬の乳を原料にしたものはクリーミーで乾燥肌に良いと、フランスではポピュラーな石鹸のひとつです。馬乳は人間の母乳に近く、アレルギーや肌のトラブルにはとても良いそうで、クレオパトラも馬乳のお風呂に入っていたとか。

　また、最近は高齢化が進む馬の生産者にとって石鹸作りは大きな収入のひとつとなっていて、若い世代の人に知ってもらいたいと、パッケージや形などに工夫を凝らしています。

　特に乾燥する冬には、手放せない石鹸です。

Teruki ISHIBASHI

day 211

パリの音楽教育事情

　日本では Concervatoire と聞くと音楽学校のイメージがあります。が、フランスのコンセルヴァトワールでは音楽だけではなく、ダンス科、演劇科もあり舞台芸術専門の学校となっています。

　パリ市内にある区立の音楽院には 6 歳ぐらいから入学でき、小学校と並行して行くことになります。日本の習い事のような感じでしょうか？　その上にパリ市音楽院、そしてさらにその上にはパリ国立高等音楽院と続きます。

　国立の音楽院の入学試験には年齢制限が設けられ、難関をパスした音楽家の卵は素晴らしい設備が使えると共に、オペラ座で公演を無料で聴ける席なども用意されています。また、各音楽院の入学費用は親の収入に合わせて決められるので、金銭的な出費が少ないのは、親にとってはうれしいという声も多々聞こえてきます。さすがフランス、国の援助で小さい頃から芸術に触れる機会を作っているのです。

Teruki ISHIBASHI

day 212

オペラ大通り

　シャルル・ガルニエが設計し 1875 年に竣工したパリオペラ座（ガルニエ宮）、パリの代名詞のひとつです。そこへ真っすぐ、ルーブル美術館へ向かって伸びている Avenue de l'Opéra（オペラ大通り）、当時パリ市を含むセーヌ県知事だったオスマンによって進められた、パリ改造計画でできたものです。

　rue（道）と Avenue の違う点はなんでしょうか？　もちろん、道幅の違いがありますが、それ以外に Avenue（大通り）には木が植えられています。ですが、このオペラ大通りには特別に木が植えられていません。それは、オペラ座を建てた際にガルニエ自身がオスマンに「美しいオペラ座の正面に、遮る物を置かないでほしい」と嘆願し、当時の皇帝ナポレオン 3 世と話し合い、受け入れられたからだそうです。

　花の都パリにふさわしいガルニエ宮は、今でも人々をその優美さで魅了し続けています。

Teruki ISHIBASHI

day 213

エクアン城

　パリの北、電車で 20 分に位置するルネサンス美術館エクアン城。中世のお城のような防衛のためではなく、暮らしを豊かにするための居城、Art de Vivre という言葉が似合うお城です。

　フランスはパリ・ノートルダム寺院を代表とする、12 世紀からのゴシック建築の発祥の地で、イタリア生まれのルネッサンス様式に対してあまり興味を示しませんでした。しかしカトリーヌ・ド・メディシスがフランス王家に嫁いでからは、イタリア様式の旋風が巻き起こり、16 世紀中頃に今のような形になりました。

　入り口にはミケランジェロの有名な「瀕死の奴隷」が門番のようにそびえ立っています（オリジナルはルーブル美術館の所蔵）。フランス革命により装飾品の多くは焼かれてしまい、当時の面影を完全には再現できませんが、残った装飾や家具などの調度品は、時を越えてもなお眩いばかりの繁栄ぶりを見せてくれます。

Teruki ISHIBASHI

day 214

ルイ 14 世の騎馬像

　ヴェルサイユ宮殿建築を命じたルイ 14 世。彼の騎馬像は、お膝元ヴェルサイユ宮殿、パリ市内のヴィクトワール広場、そしてルーブル美術館のピラミッドの入り口と 3 体あります。

　ルイ 14 世はルーブル宮の改装をイタリアバロックの巨匠ジャン・ロレンツォ・ベルニーニに依頼します。が、結局はベルニーニの案は採用せず、ルイ 14 世は騎馬像を注文しました。

　ですが届いた自身の像を見て、「今すぐ壊してくれ」と一言放ったそうです。その理由は諸説あるようですが、彼自身に似すぎていたからともいわれています。

　まだ写真がなかった時代、王室お抱えの画家達は王族達をかっこよく描くことが仕事でした。あまり似ていないと周りが思っていても、王が満足することが一番とされていました。

　ヴェルサイユ宮殿へと運ばれた像は彼のお気に入りだったのでしょうか？

Teruki ISHIBASHI

day 215

ルイ 14 世のバレエ

　フランスのバレエの歴史は、イタリアのメディチ家に生まれ、フランス王家に嫁いだカトリーヌ・ド・メディシスがフィレンツェのルネサンス・ダンスを持ち込んだのが始まりだといわれています。公国が林立していた、当時のイタリアの自由な気質から生まれたルネサンス・ダンスは、みんなで輪になって踊るというスタイルが多かったようです。

　ただ、そのような気質は中央政権であったフランスには合いませんでした。太陽王ルイ 14 世は 1661 年に「王立舞踊アカデミー」を発足させます。彼自身もバレエには熱心で、15 歳の時に踊った「夜のバレエ」では、夜中から朝まで続けた舞台で、最後に日の出と共に黄金の衣装を着たルイ 14 世が太陽の役として登場。それを見ていた貴族達はフランス王の権力を、まさに目の当たりにしたそうです。

　芸術が美しさだけでなく、国力の象徴として使われているのは、今のオリンピックの開会式のセレモニーの舞台芸術などにも通じるのではないでしょうか？

Teruki ISHIBASHI

day 216

フランス流会話術

　所変われば、礼儀も変わります。もちろん、どこの国でも暗黙の了解というものは存在しますが、そんなところにもお国柄が出るかと思います。

　日本では他人の考えを、「察する」ことでお互いをわかり合う文化ですが、フランスでは、意見を戦わせることでわかり合う文化といえるのではないでしょうか？

　そんな文化を描いたパトリス・ルコント監督の映画『Ridicul（リディキュール）』。

　場所は 17 世紀のヴェルサイユの宮殿内、貴族達の辛辣なやり取りが窺（うかが）えます。怒ったり、黙ってしまえば負けです。言葉を巧みに使うことで、まさに闘牛士のようにさらっと「かわして」いく当時の Conversation（コンヴェルサシオン）（会話）は現代のフランスにも通じるものがあります。

　郷に入れば郷に従え。フランス流の手厳しい洗礼を受けたことのある方も多いのでは？

Teruki ISHIBASHI

day 217

フランスの公立学校　その1

　フランスでは9月に新学期を迎えますが、日本の学校と大きく異なる点をご紹介したいと思います。

1. 国籍に関係なく公立学校は無料。
2. 制服がない。
3. 小学校卒業まで親の送迎が義務。
4. 学年構成は暦年区切りのため、1月生まれが一番年長となる。
5. バカンスは秋、クリスマス、冬、春と2週間ずつ、夏は2か月。
   授業は週5日、水曜日は小学校は基本はお休み。土曜日は中学校・高校は午前中のみ。
6. 1956年より筆記の宿題が小学校に関しては法律で禁じられている。
7. 学校では生徒による掃除は一切行なわない。
8. 教科書は担任が必要と判断した場合、1年間学校から借りて学年末に返却。

Noriko MIURA

day 218

フランスの公立学校　その2

9.成績の優秀な子供は飛び級、一定レベルに至らなければ留年。

10.給食の希望は任意。時間内に自宅に戻ることも可能で、好きなほうを選べる。

11.入学式や卒業式などはない。

12.学校に生活指導は基本はない。

13.公立の場合、先生などの職員のストライキが行なわれることがある。

14.パリ市内の学校は敷地が狭いため、運動は校外の施設が使われる。

15.幼稚園から中学校は、基本は8時半から16時半。中学校は17時半まで授業がある場合も。

　ざっとこのように、かなり日本とは違う学校事情、私立はまた異なりますが、基本、学校は勉強するところというのがフランスの考え方のようです。

Noriko MIURA

day 219

ジヴェルニーのモネの庭

　パリから車でも電車でも約 1 時間ほど、パリ郊外のノルマンディー地方の入り口に位置するジヴェルニー村には、印象派絵画の巨匠クロード・モネが晩年を過ごした家が今もそのままあり、4 月〜 10 月末の間だけ一般公開されています。

　自然豊かなジヴェルニーの村。当時 43 歳だったクロード・モネは、列車の窓から見たその景色の美しさに心奪われ、突然移り住みました。

　そしてセーヌ渓谷の土地に、理想の家と庭を作り上げ、ジヴェルニーの庭は彼の創造の源泉となり、「睡蓮」などの多くの名作を生み出す舞台に。

　広大な庭に植えられた季節折々の美しい花々、手入れの行き届いた素晴らしい庭園、日本びいきのモネが作った日本風庭園、その池に浮かぶ睡蓮。あの名作「睡蓮」のモデルとなった実際の風景を見ることができます。

Noriko MIURA

day 220

フランス人のパーティー

夏のバカンスの前、新学期の始まり、新年を迎える大晦日、季節が良くなる春先、フランス人はことあるごとにレストランではなく、自宅に友人を招きパーティーをします。

初めて訪れる人には、自宅内をすべて寝室まで案内して見せるのがフランス流。自宅を開放しすべて包み隠さず生活を見せ、パーティーに訪れる友人同士を紹介しつなげていくのもフランス流。

パーティーの内容にはかかわらず、まずは友人達と卓を囲んで一緒に飲んだり食べたり集うことがフランス人の中では大切なことなのです。

時には招待する家の主が腕を振るって料理を作ったり、お気に入りの店でテイクアウトの料理を買ってきたり、ケータリング業者に依頼したり。フランス人達はいろいろな方法で大好きな友人達を招くパーティーのオーガナイズに時間や労力を使って愛情を示します。

Noriko MIURA

day 221

コンピエーニュ城の可愛いサロン・ド・テ

　パリから北へ 80 キロメートル、オワーズ県・オワーズ川沿いに位置するコンピエーニュは、歴代のフランス国王が狩猟を楽しんできた土地で、マリー・アントワネットとルイ 16 世が初めて対面したのもこのコンピエーニュの森でした。

　ここにはコンピエーニュ城という美しい宮殿があり、14 世紀にシャルル 5 世が宮殿を建てたことに始まり、その後フランス革命を経て、ナポレオン 1 世により大規模な改築が行なわれました。

　そんな歴史を持つ美しい宮殿内の内装は、ヴェルサイユ宮殿とは異なり、森や狩りをイメージしたようなモチーフが多く、また、レオパード柄の粋なカーペットがあったりと、見所の多いお城です。敷地内には美しいガーデンが広がり、そこにはとても可愛らしいサロン・ド・テがあります。ケーキはもちろん、それに使用するお皿もすべてが可愛らしく、宮殿を堪能したあとは、ここのガーデンを望むテラス席でゆっくりお茶とケーキを。

Kaori KONISHIKAWA

day 222

11世紀にできた、元修道院のホテル

　パリから南西に車で約1時間ほどのところにある、緑に囲まれた美しいホテル、Abbaye des Vaux de Cernay（アペイ デ ヴォード セルネ）は、なんと1000年前の11世紀に建てられた、元は修道院だったところです。

　かつてはロスチャイルド家も所有していたという、美しい芝生が広がる広大な敷地には、大きな池や優雅で可愛らしいプールもあり、そのすべてがホテル利用者のみが楽しむことができるプライベートな空間です。

　ホテルの外観、ゴシック様式の内装の美しさはもちろんのこと、ホテルのすぐ横に位置する、現在では廃墟化した巨大な石造りの修道院はまさに息をのむ美しさ。現在では、朽ち果てて屋根もなく青空がのぞいているのですが、その雰囲気はまるで、『天空の城ラピュタ』の世界でした。

　その建物のすぐ隣にある、ホテルに面したテラス席では、美しい廃墟を身近に感じながらカフェやアペリティフを楽しむこともできます。

Kaori KONISHIKAWA

day 223

靴下の穴を直すなら

　フランスはブロカントが日常的に開催されているように、ものを大切に使い続ける文化が根付いている国だと思いますが、手芸屋さんで働いていると、それを実感する機会も多いです。

　このŒuf a repriser（修繕用たまご）もその代表的なアイテムのひとつ。これは卵の形をした靴下の穴を修繕（ダーニング）する時に使うグッズで、穴の開いた靴下をスルっとこの卵に被せ、持ちやすいように卵をギュッと握りながら、ダーニングしていきます。

　日本にはキノコの形をした同じ用途で使うものがありますが、フランスでは卵。

　私が働いているUltramodで販売しているのは、プラスチック製と木製のものです。どちらも可愛いのですが、木製のツルッとした感覚と重みがなんとも心地よく、ただ握っているだけでもなんだか落ち着きます。私も木製の卵を購入し、お気に入りの靴下に穴が開くと修繕して履き続けています。

Kaori KONISHIKAWA

day 224

ヴィンテージ・グログランの美しさ

　ウルトラモッドには、現行品と、50年代から80年代に作られた商品ラインとの2つのグログランリボンがあります。

　Gros Grain とは、堅く密に織られた横方向に「うねり」のある平織りの織物で、糸を密に折り重ね、コード状にしているのが特徴。名前の由来は、フランス語の「gros（粗大な）grain（木目）」から来ています。

　最近は化学繊維製のものが多い中、ウルトラモッドのグログランは、コットン＆ビスコース製で貴重な自然素材。

　現行品ももちろん美しいのですが、ヴィンテージのものは、糸がとても密に織られており、ぎっしりとした厚みがあります。さらに絶妙な色合いが本当に素晴らしく美しいのです。この頃作られていた工場はすでになく、現在の技術では、ここまで密に織ることは難しいといわれています。パリの思い出に、ストローハットのリボンをヴィンテージ・グログランから選んでみてはいかがでしょうか。

Kaori KONISHIKAWA

day 225

手刺繍のイニシャルボタン

　私は現在、言葉を手刺繍したマスクを多く製作しています。

　その多くはフランスの伝統的な柄として有名な Toile de jouy。以前からこの柄が大好きなのですが、今回のマスク作りによって、かなりの量の生地を使用するようになりました。そして、これまたかなりの量のハギレが残るようになったのです。お気に入りの生地なので捨てるのも忍びなく取っておいたのですが、ここはものを大切にするフランス、私も手芸屋さんに勤務する中で、新たなアイディアを思いつきました。

　それがこのイニシャルの入ったクルミボタンです。早速サンプルをショーウィンドウに並べると、カラフルなおしゃれが印象的なムッシューがご来店。ダブルのジャケットのアクセントにこのボタンを使用したいとオーダーしてくださいました。

　マスクのハギレが可愛いボタンとして再生する喜び。サステナブルなアイテムというところも気に入っています。

Kaori KONISHIKAWA

day 226

森の散歩で四季を感じる

　フランスの日曜日。お店もほとんどお休み。田舎ではスーパーもほぼ開いていません。そんな日曜日の過ごし方といえば家族揃って過ごすのがお決まり。朝はゆっくり起きて、いつもより丁寧に朝食や昼食をとり、午後は家の近くの森をお散歩します。

　春はたくさんの野の花に出会えます。サクラソウ科の多年草・カウスリップ、別名Coucou（フランス語で「やぁ！」というようなくだけた挨拶）は春の訪れを告げる花として親しまれています。

　夏は木漏れ日と緑が眩しい季節。強い日差しから逃れて爽やかな風に当たりながらのお散歩は本当に気持ちが良いです。

　そして秋は緑から赤茶色へと森全体の色が変わり、一気に侘しさを帯び始めますが、可愛らしいキノコも顔を出してきます。冬は動物も植物も活動をお休みする季節。私達のお散歩もお休み。また春になって草木が芽吹き始めるのを待ちます。

Kaori UMEYA

day 227

エリエットのカフェ

　パリに来て最初のアパートの内見の後に、同じ通りにある「Au rêve」（オ レーヴ）というカフェに入りました。初老のマダムが切り盛りするその小さなカフェは古き良きパリともいえるノスタルジックな雰囲気。住み始めてから、近所の人達が chez Eliette（シェ エリエット）（エリエットの家）と呼んでいること、毎週水曜日のお昼だけ、エリエットが料理をして予約制のランチをしていることを知りました。

　1種類の前菜、メイン、デザートと、飲んでも飲まなくても、ワインの瓶がボトルで1本、どんとテーブルの上に置かれます。席順も話の合いそうな人同士が隣りになるように、エリエットが考えに考えて決めていて、さながら親戚のおばさんの家にでも遊びに行ったような雰囲気。

　亡くなったお父様の代わりに18歳からカフェで働いてきた彼女、案外早く、60歳になるかならないかで引退してしまい、はや10年近くの歳月が流れました。カフェがあった場所を通るたびに、エリエットは元気かな？と思うのです。

Ayumi SHINO

day 228

フランス人のおもてなし

パリにいると、週末ごとにお呼ばれして、今度はお礼に呼び返しているうちに人生が終わってしまうのでは、と思うほどです。

大切なのは楽しい時間や会話を共有することで、無理をしないスマートなおもてなしにいつも感心させられます。

極端な例を出せば、お料理が得意ではない仲良しの友人マリーのディナーは常に同じメニュー。買ってきた美味しいスープに少しだけ味噌を加えてアレンジしたもの、レモンとオリーブオイルであえただけのルッコラのサラダに、からすみのパスタのみ。でも、映画やアートに造詣の深い彼女との会話はいつも夜中まで盛り上がり、ゲストは大満足でマリー宅を後にするのです。

かく言う私は、フランス人達の日本食が食べたいという期待に応えるべく、買い物から始まって頑張りすぎてしまいます。台所に入りきりにならないよう、前日からの仕込みでいつもヘトヘトに。スマートなおもてなしにはまだまだ遠いようです。

Ayumi SHINO

day 229

パリのマダム

　カフェのテラスで道ゆく人を眺めていた時、友人が「パリマダムとパリジェンヌはフランスの国宝だね」とつぶやきました。フォトグラファーという職業柄、ああ、素敵、とため息をつくようなマダムにお会いして撮影する機会も多い。

「Ce n'est pas mon style（それは私のスタイルではないわ）」

　マダム達からよく聞くセリフです。ファッション、ライフスタイル、時には撮影中のポーズや表情に至るまで、この台詞は適用されるのです。

　美人とか、おしゃれとかいうことだけではなく、確固たる自分のスタイルを持っていて、そしてそのスタイルを守る術を知っている、ということが彼女達の素敵さを作っているのだと思います。

　自分のスタイルを持つことは、自分をよく知ること。

　そして、自分らしく自然体でいるために最大限の努力をする、ということなのかもしれません。

Ayumi SHINO

<u>day 230</u>

ジェーン・バーキンの再来？　ジャンヌ・ダマス

　アーモンドの形の目、ぱつんと切った前髪、非の打ちどころのない体型、ジェーン・バーキンの再来といわれた新世代のパリジェンヌ Jeanne Damas（ジャンヌ ダマス）は 14 歳の時から始めたブログにより、今やインスタグラムで 150 万人のフォロワーがいて、世界中の女の子の憧れのパリジェンヌ像を築き上げました。

　彼女のブランド Rouje（ルージュ）ではファッション＆ビューティー、ブティック、レストラン、彼女のスタイルや美容法、インテリアとすべてが注目の的です。最近は出産をし、妊婦姿でファッション雑誌に出るなど話題でした。

　彼女の魅力は健康的なセクシーさとトレードマークの赤いリップ。誰にも媚びない、自分らしさを大事にするスタイルが一番の憧れです。「パリに住んでる時点でパリジェンヌ。このパリを愛し、留まりたいと思っている時点でパリジェンヌです」とインタビューに答えていたのが印象的でした。

Masaé TAKANAKA

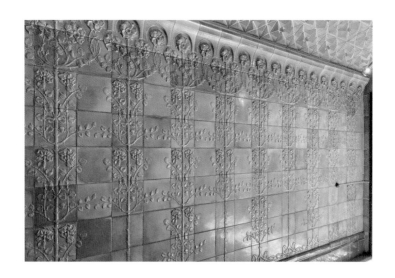

day 231

アール・ヌーヴォーのあざみの家

　パリ16区にはアール・ヌーヴォーの代表的な建築家 Hector Guimard（エクトール　ギマール）が設計した建物が数多く残っています。アール・ヌーヴォーとは19世紀末から20世紀初頭にかけてヨーロッパを中心に流行った装飾美術の運動のことです。花や植物などをモチーフに曲線を組み合わせた美しい建築が代表的です。

　私が一番好きなのはあざみの家といわれる1903年に建築家のチャールズ・クラインによって建てられたもの。入り口を装飾している陶器はエミール・ミュラー社とのコラボレーションになります。

　外で写真を撮っていると「入ったら？」と住人のマダムが中に入れてくれました。エントランスはまるであざみ畑に入ったよう。あざみモチーフの陶器で天井まですべて囲むような装飾は素晴らしくてうっとり。1986年には歴史的建造物に指定されています。

Masaé TAKANAKA

day 232

犬を迎え入れる

　パリは犬に優しい街です。メトロにもカフェ、レストランにも一緒に入れます。公共の乗り物に乗る時はバッグに入れるなどの規制はありますが、日本に比べるとどこにでも一緒に連れていけます。

　コロナ禍でロックダウンがあったパリ。犬を家族に迎え入れようと考えた人が多かったのか、バカンスは例年よりも犬連れが多かったように思います。

　ペットショップで買う場合もありますが、ブリーダーさんをインターネットで見つけたり、ボン・コアンというものを売り買いするサイトで、最近ではブリーダーさんと簡単に直接コンタクトできるようになりました。そして動物保護団体から引き取る人も増えているそうです。

　我が家も14年間を共にした愛犬が虹の橋を渡り、赤ちゃんをもう一度育てることを決めて、インターネットでブリーダーを探し、ノルマンディー地方で生まれたフレンチブルドッグを家族の一員にしました。

Masaé TAKANAKA

day 233

ブールデル美術館

　弓をひくヘラクレスで知られる、彫刻家アントワーヌ・ブールデル（1861-1921）のアトリエ美術館が 15 区のモンパルナス駅の近くにあります。

　ロダンの弟子で、ジャコメッティの師であったブールデルは石膏、大理石、ブロンズの彫刻の力強い魅了される作品を作っていました。

　彼のアトリエと彼が住んでいたアパルトマン跡が、彼の死後約 20 年経った 1949 年に公開されました。庭園とアトリエ、アパルトマンなど一つひとつがうっとりする 佇 いです。

　1992 年に建築家クリスチャン・ド・ポルザンパルクが設計し、増設した展示スペースには自然光が入るようになりました。常設展が入場無料なのもうれしく、私は美しい庭で考えごとをしたい時などに公園のように使っています。最近ではアートとモードを融合した展示会があり、空間と展示物が調和していて素晴らしいと話題になっています。

Masaé TAKANAKA

day 234

行者にんにくが大ブーム

　春が訪れる頃、市場には「L'ail des Ours（熊のにんにく）」（日本では行者にんにく）となんとも可愛い名前の葉っぱが並びます。

　熊が冬眠から覚めて最初に食べるもので、春の到来を告げるという山の伝説から「熊のにんにく」と呼ばれているそうです。

　葉っぱからは独特の匂いがしてまさににんにく！　ビタミンCが豊富で、悪玉コレステロールや血圧を下げる効果があり、抑うつ効果、痩身効果、整腸作用など多くの効能があり、最近ではフランスでも大人気。春の1か月くらいしか市場には並びません。

　最近ではオーガニック・スーパーでも見かけますが、市場で買うと熊のにんにくの花まで付いているものもあります。もちろん花も食べられます。ペーストにしてピザやお肉や白身魚につけて食べたりしますが、日本人の私は醤油漬けにして万能調味料として使います。

Masaé TAKANAKA

day 235

ブロカントの楽しみ

　旅行に行ったらその旅先のブロカントを訪れることも楽しみのひとつ。地方はパリに比べ価格も安く、さらにその土地らしい面白いものと出会う可能性が高いので、ブロカントの開催日は大切なチェックポイントです。

　今年の夏は、アルプス山脈の 麓 にある街、アヌシーのブロカントへ。

　早速目に留まったのは、100 年以上も前のポストカードばかりを扱ったお店です。1800 年代後半から 1900 年代前半のバラエティに富んだカードが並んでいます。

　すべてのカードは使用済みで裏にはびっしりと文字が書かれており、それも当時の人達の生活に触れることができるようで楽しい。

　今回掘り出し物だったのは、美しい刺繍を施したカード。すでに 100 年以上の時が経っていますが、どれもとても凝っていて色も鮮やかです。アヌシーのブロカントは毎月最終土曜日に開催されています。

Kaori KONISHIKAWA

day 236

フランス文学の小路

　リュクサンブール公園とサン・シュルピス教会をつなぐフェルー通り。1517年以前から存在する古い小路で、詩人アルチュール・ランボーの『Le Bateau ivre』（酔いどれ船）が書かれたロマンチックな通りとしても有名です。

　1871年9月、ランボーがこの詩を初めて朗読したのが、サン・シュルピス教会近くのカフェだったといわれています。

　隣接するフェルー通りの壁に詩の全文が書かれたのは2012年ですが、オランダ人カリグラファーによる手書きで、まるでアートのように美しい！

　また、このフェルー通りの6番地は、作家のヘミングウェイが『武器よさらば』を書き上げた高級アパルトマンが残っており、さらに、アレクサンドル・デュマ・ペールの有名な小説『三銃士』の舞台となったことでも有名。文学好きフランス人のお気に入りの小路です。

Mami OKAMOTO

day 237

エッフェル塔を眺めるベストポジションは？

　パリの中心部を歩いていると、どこからでも見えると言っても過言ではないエッフェル塔。世界中から愛されるパリのシンボルですが、さて一体、どこから眺めるのが一番なのでしょうか……。

　定番中の定番、ガイドブックお墨付きのトロカデロ広場か、その反対側、芝生が気持ちいいシャン・ド・マルス公園か、セーヌ川越しに見られるビル・アケム橋か……。7区あたりの小径からちょっと覗くくらいの見え方も味があるし、はたまた、モンマルトルの丘の上から遠景で眺めるのが最高、なんて言う人もいます。

　正解は人それぞれ。みんな違ってみんないい。

　小さなことであれこれおしゃべりしながら、カフェやアペロ（アペリティフ）をするのがフランス流です。誰も傷つけない平和な課題で議論を楽しめるのが、フランスで暮らす小さな幸せでもあります。

Mami OKAMOTO

day 238

丘の上のビール醸造所

　パリ20区、ベルヴィルの丘の上に小さなクラフトビールの醸造所があります。その名は「Les bières de Belleville」。ガレージを改造したこの醸造所で作られるビールは、95パーセントがオーガニックの原料を使用。

　一番人気のベーシックなビール「piaf」は、ベルヴィル出身の歌手、エディット・ピアフがその名の由来で、ホップが効いたホワイトビールのような軽い味わいが特徴。アルコール度数も低めで飲みやすいです。その他、フルーティーなペールエールやコクのあるブラウンビールなどいくつかの種類のビールがリリースされています。

　ここのビールは、地元のエピスリーを中心に少量取り扱われていますが、不定期的に、醸造所で直接購入することも可能。この醸造所の角のカフェでは、超レアな生ビールが飲めます。晴れた日のアペロに最高です。

　フランスといえばやっぱりワインが有名ですが、ここ最近は、小規模ながらも高品質なクラフトビールがじわじわと注目を集めています。

Mami OKAMOTO

day 239

パリの知の中心地

　パリの知の中心地といえば、左岸のサン・ジェルマン・デ・プレ界隈。17世紀末から貴族の邸宅と共に発展してきた高級エリアで「レ・ドゥ・マゴ」と「カフェ・ド・フロール」、隣接する2つの文学カフェがこのエリアの基点です。

　サンジェルマン大通り沿いにあるこの2つのカフェは、哲学者サルトルとボーヴォワールを始め、ヘミングウェイ、カミュ、ピカソ、オスカー・ワイルドなど、名だたる作家や芸術家が集まり、執筆や議論を交わしたことでも有名です。

　古き良きパリの空気を感じられるこの界隈では、ビュシ通りもおすすめ。趣のある石畳の両脇にはテラスがぎっしりと並びます。この通りは、カフェの激戦区として知られていて、さらに、パン屋や花屋も多く、市場もあって朝から深夜まで賑やか。

　また、フランスが生んだ天才詩人、ランボーが住んでいたアパルトマンもこのビュシ通りにあり、今でも多くのファンが訪れます。

Mami OKAMOTO

day 240

年に1度のお楽しみ、自然派ワインの試飲会

　毎年2月にロワール地方で開催される自然派ワインのサロン「Les anonymes」と「Dive Bouteille」。自然派ワインの試飲会としてはかなり大規模なもので、世界中からワイン関係者が集まります。

　入り口で参加費を払い、グラスを手に試飲して回るのですが、リリース前のワインを試飲できること、そして何より、生産者が自分達の作ったワインをずらりと並べて、直接グラスに注ぎ、説明してくれることに毎度感激します。生産者はだいたい農家のおじさんですが、ここでは、彼らはまるで崇拝されるアイドルのようであり、来場者は追っかけのファンのよう。会えるアイドルに酔いしれるファン。皆、熱心にワインについて話します。

　基本的に関係者向けではありますが、フランスではロワール地方に限らず、各地の生産者が集まり、日常的にワインの試飲会が行なわれています。

Mami OKAMOTO

day 241

フランスグルメのお供にしたいハーブティー

　パリ旅の楽しみといえば、食ですね。パン、お肉料理に美味しいチーズ。ワインもついつい進みます。旅行中はレストランでのお食事が続いてしまい、どうしても胃腸が疲れがち。

　そんな時におすすめのハーブティーが Tisane Gueule de bois（フランス語で二日酔いのハーブティーの意味。フランス人が聞くとクスッと笑ってしまうようなネーミング）。その名の通り二日酔い対策にぴったりですが、お酒を飲まない人にも、食べすぎた時や胃がもたれる時におすすめしたいブレンド内容になっています。友人とのアペロでついつい飲みすぎたり、家族での特別なお食事の機会の後にも。

　飲んでおくと翌日後悔することなくすっきりと過ごすことができるので、重宝するブレンドです。ほんのりペパーミントやスターアニスが効いていて美味しく飲めるので、パーティーの際の手土産にも人気のハーブティーのティザンヌです。

Kaori UMEYA

<u>day 242</u>

ホルモンバランスの変化に対応

　女性は皆、一生の中でホルモンバランスの変化を感じつつ生きているといえます。特に多くの人が大きな変化を感じているのが更年期ですね。

　フランスでは薬局やエルボリストリに更年期の人向けのハーブやビタミン、ミネラルなどを配合したサプリメントがたくさん揃っています。

　何かケアをしたいと意識し始めた時には気軽に相談することができます。Alchémille（レディースマントル）や Achillée millefeuille（セイヨウノコギリソウ）が配合されているものは、更年期にある人だけでなく生理前の不快な症状に悩む人、生理痛が辛い人にもおすすめの植物です。

　ティザンヌよりも手軽に試したい人は、サプリメントカプセルやチンキ剤Teinture-mère（ハーブの成分が水とアルコールで抽出されたもの）といっ形で取り入れることができるので、試してみてはいかがでしょうか。

Kaori UMEYA

day 243

秋の日の栗拾い

　秋も深まり、公園を歩くと、マロニエの木の下に栗のような実がたくさん落ちている光景に出合います。黄緑色の殻に包まれたこの実は Marron といって、日本でいうトチの実。マロンという名前なのに食べられません。食用の栗は Châtaigne といって、トゲトゲの殻に覆われたもの。

　この季節になると、栗の木も溢れるほどの実をつけ、郊外の森は栗拾いに来る家族で賑わいます。軍手と長靴で装備して、収穫に挑みます。

　フランスで拾える栗は日本のものより小さめですが、しっかり甘くて美味。焼き栗はもちろん、ポタージュやペーストを作ったり、肉料理に付け合わせたりします。

　ちなみに高級なマロングラッセは、同じシャテーニュでも大ぶりな栗の実を使います。食べられない栗をマロンと呼び、食用はシャテーニュ。加工された栗もマロンと呼ぶフランス人。在仏の日本人が一度は戸惑う不思議です。

Yui TANIGUCHI

<u>day 244</u>

ロンシャン礼拝堂（ル・コルビュジエ建築巡り）

　近代建築の巨匠ル・コルビュジエ。彼が世界中に残した建築物は、拠点としていたフランスに多く、パリから訪れることができる場所がいくつかあります。

　最高傑作といわれるフランス東部のロンシャンにある礼拝堂 Chapelle Notre-Dame du-Haut（ノートルダム デュ オー）は、私もパリに渡ってすぐに足を運び、アクセスが不便な場所にもかかわらず、その後も何度も訪れている場所です。

　シェル構造の屋根と白く厚い壁の彫刻的な外観は圧巻で、建物の周りをぐるり回ると、180 度全く異なる表情をしています。

　礼拝堂内部に降り注ぐ光は、大小様々なかたちの窓から差し込み、ため息が出るほど幻想的な空間。

　どのアングルから見ても不規則な形に見えるデザインはすべて計算され、そして季節や天候、時間帯によっても見え方が変わります。自然とも調和し、訪れるたびに、包み込んでくれるような気分になる場所です。

Yui TANIGUCHI

day 245

サヴォア邸（ル・コルビュジエ建築巡り）

　パリから郊外電車に乗り、30分ほどで足を運ぶことができる、建築家ル・コルビュジエが設計した世界遺産のひとつ、Villa Savoye（サヴォア邸）。のどかな郊外の緑豊かな住宅街、広い庭の奥に突如現れるモダンな建築は、まるで宙に浮かんだ白い箱。1931年に建てられたとは思えないほど近代的な邸宅です。

　「美しい敷地、豊かな森、草地のただ中に何にも邪魔されることなく建つオブジェのような家を」という依頼主サヴォア夫妻の抽象的な要望に対して、ル・コルビュジエによって提唱された近代建築の5原則の要素を盛り込み、建築史に残る画期的な作品が生まれました。

　内部は直線的な外観とは異なる印象で、淡いピンクやブルーなどの色彩に窓からの光が差し込み、曲線的な風景が移り変わる、絶妙で完璧なバランス。この家にかけたル・コルビュジェの想いを肌で感じることのできる作品です。

Yui TANIGUCHI

day 246

ブラジル学生会館（ル・コルビュジエ建築巡り）

　パリ南部の Cité Internationale Universitaire de Paris（パリ国際大学都市）は、フランスで学ぶ留学生のための学生寮です。37 か国の寮があり、敷地内のブラジル学生会館 Maison de Brésil の建物は、近代建築家ル・コルビュジエとブラジル人建築家ルチオ・コスタが共同で手がけたもの。

　コンクリートの打ちっぱなしの無機質な外観と、内部空間のところどころには「人生に必要不可欠な喜び」とル・コルビュジエが呼んだ太陽の黄、空間の青、自然の緑、生命の赤のシンボルカラー 4 色がちりばめられ、ル・コルビュジエらしい直線と曲線、窓から入る自然光と鮮やかな色合いが融合した独創的な作品になっています。敷地内のスイス学生会館もル・コルビュジエの設計で、郊外のサヴォア邸に似た宙に浮く箱のような設計。

　ブラジル学生会館の建設より 27 年も前に建てられたという、この 2 つの作品を、同じ敷地で見比べるのも楽しいかもしれません。

Yui TANIGUCHI

day 247

フランスのサンドイッチ

　フランスでサンドイッチといえば、バゲットを使ったバゲットサンドのことを指します。そう、日本のサンドイッチのようにやわらかいパンではないのです。

　一番シンプルなサンドイッチは Jambon beurre（フランス語でハム・バター）と呼ばれるもので、噛むとパリっと、香ばしく焼けたバゲットの皮と粉の香りが口中に拡がります。

　しっかり厚めにバターが塗られたバゲットに Jambon blonc（豚もも肉を湯煮した加熱ハム）だけを挟んだ、これ以上シンプルなものはない！　というサンドイッチですが、バゲットとバターとハムのマリアージュが絶妙。

　焼きたてのバゲット・トラディションに、乳製品の国らしい発酵バターの旨味と、スモークされていない新鮮な切りたてジャンボン。すべての素材の良さが活きているんだなあ……と唸ってしまう味なのです。

Maki KINAKA / Photo by Yusuke KINAKA

day 248

サン・マルタン運河

　パリの街歩きはどんな季節も楽しいけれど、私は木々の葉が茶色に変わり秋深くなる頃が一番好きです。

　肌寒い日はグルグルッと巻物をして、どんな石畳でも疲れないように足元はスニーカーで出かけます。パリの通りには人物の名前がついていることが多く、どのような人の名前かを調べたりするのも楽しく、パリに来た当初は青い地図（最近は持っている人を見かけません）を持ってよく出かけたりしていました。

　今日は跳ね橋があるサン・マルタン運河までテクテクお散歩。天気がいい日は、運河沿いに座ってテイクアウトのカフェを楽しんだり、おしゃべりしたり。運河の周辺もおしゃれなお店がたくさんあって新規開拓も楽しみのひとつ。マルセイユ通りにある超有名ブーランジュリーの Du Pain et des Idées や、おしゃれな洋服から雑貨までが揃うエンノルなコンセプトストア Centre Commercial が定番にしている立ち寄り場です。

Maki KINAKA / Photo by Yusuke KINAKA

day 249

ポワラーヌのタルト・オ・ポム

　6区のシェルシュ・ミディ通りには、人気のブーランジュリー、ポワラーヌがあります。創業は1932年。今も昔と同じように薪をくべて石窯で焼いている大きなパン・ド・カンパーニュ。そこには大きくPの頭文字が刻まれています。このお店では無農薬の小麦を使い、酵母の力で自然発酵させた生地ですべてのパンが作られています。

　私がポワラーヌで一番好きなのはゴロっとしたりんごのコンポートが入っているタルト・オ・ポム。素朴な生地と自然な甘みを感じるりんごがベストマッチ。食べる前に少しだけオーブンで温めてミルクティーと一緒に楽しんでいます。

　そうそう、パンを買いに行った際は、レジ横に置かれている袋入りの花型サブレ、Punitions（お仕置きという意味らしいです）もお忘れなく。最近はグルテンフリーブームだからか、そば粉や米粉を使ったピュニションも登場していますよ！

Maki KINAKA / Photo by Yusuke KINAKA

day 250

おもちゃカボチャ

　10月になると花屋には菊、赤やオレンジのミニ唐辛子にシクラメンなど、秋から初冬の花が並び、花と一緒に小さな野菜、ミニカボチャ（おもちゃカボチャとも呼びます）も並び始めます。

　色もカラフル、形も様々な可愛らしいおもちゃカボチャは観賞用で、花と一緒に秋らしいディスプレイに使用したりします。

　フランスではハロウィンを意識したデコレーションやイベントをこれまでほとんど見かけることはなかったのですが、ここ数年、10〜20代の若者には定番になりつつあるようです。

　ハロウィンの時は仮装用衣装や舞台用化粧品の店が大賑わいになるのですが、以前血まみれメイクのメイド姿の女子軍団が、バスケットに入れたおもちゃカボチャで作ったジャック・オー・ランタンを道行く人に配っているのに遭遇しました。おもちゃカボチャがこの日は大活躍していました。

Maki KINAKA / Photo by Yusuke KINAKA

day 251

キノコのタルト

　秋になると晴れた日も少なくなり、グレーなパリの日が多くなります。青空が広がった秋晴れの日は、公園内のベンチも太陽好きなパリっ子達でいっぱい！

　今日は赤や黄色の落ち葉が綺麗なリュクサンブール公園でピクニック気分でランチタイム。本日のお供は近くにある Bread&Roses で買ったキノコのタルト。ブレッド&ローゼスは BIO 食材にこだわったパンやお惣菜のお店でお持ち帰りすることもできます。

　コンクールで 3 位を取ったこともあるクロワッサンなど、いろいろな種類のパンがありますが、お惣菜やタルトもとってもおいしいんです。

　今日は秋の味覚キノコがいっぱい詰まったタルト・シャンピニオンと野菜のポタージュをお店で温めてもらいアツアツをお持ち帰りしました！　緑溢れる街中のオアシスで頂く、幸せランチタイムでした。

Maki KINAKA / Photo by Yusuke KINAKA

day 252

晩夏の楽しみミラベル

　8月後半から、マルシェの果物コーナーに小さな黄金色の実、Mirabelle（ミラベル）が並び始めます。ミラベルはプラムの一種で、フランス北東部ロレーヌ地方が有名な産地。皮ごと食べられて上品な甘さに手が止まらなくなり、買ったものを一気に食べてしまう食いしん坊も続出です。

　そんなミラベルは収穫期間が約1か月と本当に短くて、チャンスを逃すと「ああ、今年もちょっとしか食べられなかったなあ、残念」ということになってしまう果物でもあります。びっしり並べて焼いたタルト・ミラベルやコンポートもお楽しみのひとつ。

　いろいろなお菓子に使われる Eau de vie（オードヴィー）という蒸留酒の原材料としても有名なミラベル、日本ではフレッシュなものはほとんど売られていないので、シーズン中に見つけたらぜひチャレンジしてみてください。

Maki KINAKA / Photo by Yusuke KINAKA

day 253

ジビエの季節

　フランスは10月には本格的にジビエの季節に入ります。ジビエとは狩猟で捕らえた食用の鳥獣を指し、出回る期間は秋のほんの2〜3か月間のみです。狩猟解禁日（毎年カレンダーで決まっています）になると、マルシェや精肉店には毛や羽根がついたままの鳥などが並びます。

　最初は目を背けて歩くのがお決まりでしたが、何年もこちらで過ごすうちに徐々に慣れてきた感あり。よく見かけるのは、キジ、鶉、うさぎなどでしょうか。

　リヨン駅近くの「AUX 2 SAVEURS」は友人夫婦のレストラン。シェフであるご主人はジビエ料理が得意で、今秋はコルヴェール（青首鴨）を。ジビエは赤身であるため高たんぱく質、低カロリー。臭いと思われがちですが、きちんと調理されたものはそんなことありません。

　キノコ同様、フランス料理の秋の醍醐味のひとつです。今年も自然の動物と植物に感謝をしておいしく頂きました。

Maki KINAKA / Photo by Yusuke KINAKA

day 254

メトロ・ファサード

　パリっ子の毎日の足となるメトロ。パリ 20 区内に点在するメトロの入り口は遠くから見てもわかりやすいように、グリーンの支柱で囲まれています。

　現在の駅のほとんどはモダンデザインの流れをくむ機能的スタイルに生まれ変わりましたが、かつての美しいアール・ヌーヴォーの駅がそのまま残っている箇所も。そのひとつが 18 区モンマルトルにあるアベス駅です。こちらは 1900 年に作られた当時のまま残されているそうで、120 年以上も前のものなんて驚きです！　入り口はガラスの天蓋付き、支柱部分もアール・ヌーヴォー特有の花や植物をモチーフにした優美な曲線です。METROPOLITAIN の文字は建築家エクトール・ギマール作。

　街中の公共物に美術館で見るような芸術が装飾デザインとして使われ、1 世紀を経た今でも市民に愛されている、そういうところもパリの魅力のひとつだと思います。

Maki KINAKA / Photo by Yusuke KINAKA

day 255

ノルマンディーのブロカントへ

　週末、バス=ノルマンディー地方の自然溢れるペルシュ村にある知り合いの家へ。パリから車で1時間半〜2時間で到着する近さにありながら、手付かずの豊かな自然が残っており、緑を愛するパリっ子達に人気の別荘地です。

　日中はのんびり散歩や読書をし、夜はテーブルを囲んで夕食を食べながら、遅くまでおしゃべりをします。何もせずゆっくりするのが田舎で過ごす醍醐味。

　翌朝街の中心地まで行くと、広場から伸びる道沿いでブロカントが開かれていました。

　広げた布の上にはノルマンディーならではの昔の牛の鑑札票、昔使われていたバターを成型する木型などが並び、見ていて飽きません。

　素敵なカットワークや刺繍が施されたテーブルクロスやナプキンもたくさんあり、友人も品定めに忙しい！　私も猫用の小さな椅子やラヴィエ（前菜用の菱形の器）をゲットできて大満足。

Maki KINAKA / Photo by Yusuke KINAKA

day 256

モンマルトルのぶどう畑

　サクレ・クール寺院の裏側に突然現れる、綺麗にお手入れをされたぶどう畑。このぶどう畑は Le Clos Montmartre と呼ばれパリ市が管理をしています。毎年少しですがパリ産ワインが作られていて、10 月にあるぶどうの収穫祭（Fêtes des Vendanges de Montmartre）で販売されています。

　モンマルトルでは昔からワイン作りがされていたそうですが、住宅が立ち並ぶようになり 1920 年代にはすべての畑は消滅。その後、この一角だけを復活させ、大事にパリ産ワインの歴史を守ってきました。

　収穫祭には花火が上がったり、いつもは入れないぶどう畑の見学ができたり、大勢の人で賑わうモンマルトル。

　ところでパリ産ワインはどこで作られていると思いますか？　答えは 18 区の区役所です。地下に醸造所があるんですって！　そんな街中でワインを作っていたなんてビックリですね。

Maki KINAKA / Photo by Yusuke KINAKA

day 257

ラ・メゾン・ローズ

　モンマルトルのダリダ広場から伸びる坂を上ると、角にピンクとパステルグリーンのコントラストが可愛らしい建物 La Maison Rose があります。

　今はレストランとして使われていますが、ここはモンマルトルの風景画で有名な画家ユトリロがかつて住んでいた場所。オランジュリー美術館に収められている、この建物を描いたユトリロの絵を見ても当時からバラ色だったのがわかります。

　初めてこの絵を見た時、こんな昔からピンクの家があったなんて、とちょっと衝撃だったのを覚えています。夕暮れ時、この辺りは建物と空の距離が近いのでとっても素敵なんです。住民も観光客もみんな足を止めて、しばし美しいこの風景に見入ることも。

　夕焼け空のピンクと建物のコントラストが美しく、明かりがポツポツと灯り始める頃が一番ロマンチック。訪れる際にはぜひ夕方を目指してください！

Maki KINAKA / Photo by Yusuke KINAKA

day 258

コンシェルジュリーの壁時計

　シテ島にある Conciergerie（フランス革命の頃、牢獄だった場所。現在は司法宮に）は、王妃マリー・アントワネットが処刑される前に過ごした場所として有名ですが、もともとはフランス君主の居城だった場所。建物の脇には壁時計がありますが、この時計、フランス最古の公共壁時計といわれており、なんと今年で誕生650年。ビックリするほど古い！　長い間ここで様々なパリの歴史を見てきたんだなあと思うと感慨深く、通る度にエッフェル塔を見るのと同じような気持ちでついつい見上げてしまいます。

　1585年に一度取り替えられ、その後はずっとそのままでしたが、2012年に久しぶりに修復され当時の美しさを取り戻しました。ルネサンス様式の彫刻に青地にフルール・ド・リス（アヤメの紋章）、純金（えええ、本物!?）が使われた金彩がキラキラでとっても美しい。時計の左右2人の女性は、左側が法の力を表し、右側が正義と公正の執行の力を表しています。

Maki KINAKA / Photo by Yusuke KINAKA

day 259

セーヌ川、夜のアルコル橋

　黄昏時のセーヌ川沿いを散歩していた時、アルコル橋（Pont d'Arcole）の街灯がついた瞬間に居合わせました。

　夕暮れ空の中にノートルダム橋（Pont Notre-Dame）とコンシェルジュリーが綺麗に浮かび上がり、川面に街灯や信号の光がキラキラと反射しとっても綺麗です。この美しい蒼い時間は夕方から夜に変わる一瞬だけで、この後すーっと空は暗くなっていきました。

　セーヌ川沿いのこのあたりは、パリ市の条例により2016年から右岸側の自動車道路が通行止めとなりました。それ以降、早朝から夕方までウォーキングやジョギングをする人や、川岸をのんびり街歩きをする人が増えたように思います。

　夏には恒例の人工砂浜ビーチ・Paris-Plages もありますし、やっぱりセーヌ川はパリの人にはなくてはならない場所なのです。

Maki KINAKA / Photo by Yusuke KINAKA

<u>day 260</u>

ペール・ラシェーズ墓地は散策に最適

　緑の葉が生い茂る墓地内の木々も、秋に入り葉を落とし始めました。

　パリ20区にあるペール・ラシェーズはパリで一番大きな墓地。

　作曲家のショパン、画家のモディリアーニや作家のバルザック、俳優のイヴ・モンタンなど多くの著名人が眠っている墓地です。敷地はかなり広く、曲がった小道がまるで迷路のよう。私も一度迷ってしまいオスカー・ワイルドのお墓までたどり着けなかった経験があります。

　そもそも、お墓を散策なんてと奇妙に感じるかもしれませんが、こちらの墓地は全体的に明るい雰囲気。墓石には彫像、故人に関するモニュメントも刻まれ、それも凝っていて、見ていて興味深く、地図を片手に観光客が毎日訪れます。

　墓地内にある階段を上って一番上まで行くと、ベンチや花壇が配置されている広場があり、そこからエッフェル塔を見ることもできるんですよ。お天気の日はベンチで読書をしている人もいます！

Maki KINAKA / Photo by Yusuke KINAKA

day 261

カルカッソンヌで中世へタイムスリップ

　週末、ラングドック地方に住む友人を訪ねた帰りに、城塞都市カルカッソンヌへ。「カルカッソンヌを見ずして死ぬなかれ」といわれるほどの有名な観光地。このそびえ立つ城塞(じょうさい)が作られ始めたのは古代ローマ時代のことで、そこから歴史を刻んできたなんて壮大すぎて、一気に心はタイムスリップ。

　敵から攻められるのを防ぐため、何重にも入り組んだ迷路のような造りと高い城壁に多くの塔、そしてとんがり屋根が特徴です。この多くの塔は敵を監視しやすくするため。現在、世界遺産にも登録され、13世紀半ばに新たな城壁が造られた当時の姿に近い状態まで修復された街並みを歩いていると、中世の騎士が馬で駆け上ってきても不思議な気がしません。そして、ここに来たら郷土料理のカスレ（鴨やガチョウの肉やソーセージを白インゲン豆と一緒に土鍋で煮こんだもの）を食べるのをお忘れなく（カルカッソンヌは鶏が有名なので、鶏と白インゲン豆を煮込んだものがおすすめです）！

Maki KINAKA / Photo by Yusuke KINAKA

day 262

サロン・デュ・ショコラ

　毎年10月末になるとパリ中が甘いショコラの香りに包まれる日がきます。それは、ショコラの祭典「サロン・デュ・ショコラ」の日です。

　世界約60か国のショコラティエが参加するこの一大イベントを、グルメなフランス人も楽しみにしていて、前売り入場券を早くに買って用意している人も多いんです。

　フランス人は本当にショコラが大好きで、クリスマス等のイベントには欠かせないものになっており、年間消費量は約40万トンとか！　会場は15区にある見本市会場ポルト・ド・ヴェルサイユ。前夜祭ではショコラで作ったドレスのファッションショーがあり（そのドレスは会期中会場で展示されています）、C.C.C.（ショコラタブレットのランク付け）の発表や、国際製菓コンクールのシャルル・プルースト杯など、ショコラティエの技術発表の場としての位置付けも担っています。

Maki KINAKA / Photo by Yusuke KINAKA

day 263

塩味のケーキ、ケークサレ

　ケークサレはフランス語で「塩味のケーキ」という意味。

　普通はパウンドケーキ型で焼かれているため甘いケーキに見えますが、名前の通り塩味なので砂糖は使われていません。食事のためのケーキで、季節野菜にパルミジャーノやグリュイエールチーズをたっぷり入れて焼き上げます。

　冷蔵庫にある残りもの野菜でも簡単にできるため、昔から、おばあちゃんやおかあさんの味的なお惣菜メニューだったそうです。簡単だし、ソーセージや豆を入れてみたり、野菜やチーズを多めにしたり、と自分好みに作れるのもいいですよね！

　今日はマフィン型で焼いてみました。焼きたてアツアツは香ばしいチーズの香りがして、しっとり、ふわふわ！　これなら、気軽にピクニックにも持っていけます。シンプルなサラダやハム、フルーツも用意して、友達と一緒にワインを開けて、ワイワイ食べる週末ブランチにぴったりです！

Maki KINAKA / Photo by Yusuke KINAKA

<u>day 264</u>

実は散歩に最適なアンヴァリッド

アレキサンドル3世橋（Pont Alexandre III）の真正面にある、金の屋根のアンヴァリッド。ルイ14世時代に建てられたアンヴァリッドは、廃兵院ともいわれる旧軍病院。今は軍事博物館として建物の一部が公開されています。最も有名なのが、アンヴァリッドのドーム教会に眠るナポレオンの墓と著名人達です。

北側の門を入ると、大きなナポレオンの銅像が真正面に立ち、外観からは想像できない美しい中庭が。

アンヴァリッドの外観、中庭は無料で見学することができ、レストラン、Le Carré des Invalides やモンブランで有名な Salon de thé Angelina がテラスを出店。広々とした売店にあるオリジナル商品もこだわりの品ばかり。

中庭には野生のうさぎがたくさんいて、見ているだけで飽きない可愛さ。そんな場所で、無料でゆっくりと散歩が楽しめるなんて！　とっておきの穴場です。

Noriko MIURA

day 265
世界初の百貨店もパリに

　世界初の百貨店でありパリ最古の百貨店であるル・ボン・マルシェ。1838 年に
ヴィドー兄弟が創業した流行品店（生地屋）のひとつで、1852 年にフランス北西
部ノルマンディー地方のオルヌ県の帽子屋の息子だったアリスティッド・ブシコー
によって買い取られ、夫人マルグリットと共にショーケースによる商品の展示、バ
ーゲンセール、値札をつけ定価販売を始めるなどの百貨店としてのシステムを確
立発展させていきました。

　1984 年には LVMH 社が百貨店を買収し、1989 年に店名を Au Bon
Marché から Le Bon Marché に改名。

　2012 年には販売スペースの大規模な改装プロジェクトを行ないました。今ま
で以上に現代アート作品や、文化的な展示なども増え、常に新しい発見と驚き、
発信のある場所としてパリっ子をはじめ、世界各国からのモード関係者も必ず立
ち寄る注目の場所でもあります。

Noriko MIURA

day 266

パリに現存する最古の教会

　サン・ジェルマン・デ・プレ教会は、6世紀に建てられた修道院の敷地内に、10世紀から12世紀にかけて建設。19世紀初頭に大規模な修復工事が行なわれた際に、リヨン生まれの画家イポリット・フランドランが手がけた内部の装飾画は、2016年から2020年にかけて修復され、鮮やかな色彩を取り戻しました。

　この教会の身廊は、何世紀にも渡って修復や増改築がくり返されてきたため、ロマネスク様式やゴシック様式など様々な建築様式が混在しているのが特徴でもあります。

　教会の隣には小さな公園が。かつては修道院の墓地だったそうですが、現在はピカソの彫刻「アポリネール礼賛」が設置されていて、地元の人がお昼休みにベンチに座ってランチを食べたり、お散歩途中の人が木陰でのんびり教会を眺めたりしています。

Noriko MIURA

<u>day 267</u>

フランスのオールド・クリスタルたち

　フランスのクリスタル・ガラスの歴史は古く、1781 年に開発に成功したのがサンルイ社。1816 年にクリスタル・ガラスの生産を始めたのがバカラ社。

　現在でも著名な両社を筆頭に、古くは 18 世紀から 20 世紀アール・デコの時代頃まで、アルザス=ロレーヌ地方（ドイツとフランスの国境付近にある地域）で、複数のクリスタル製造を行なうガラス工業が繁栄したそうです。

　200 年前から世界中の貴族や富裕層を魅了し、多くの食卓に金をあしらったクリスタル食器が並びました。何十年何百年経っても変わらぬ輝きと、触れ合った時のなんとも美しい澄んだ音色――それは全く変わることがなく、今もなお、オールド・クリスタルの人気はおとろえることはありません。

　フランスでは親から孫へと何代にもわたり受け継がれています。また、蚤の市でもたくさんのクリスタル・ガラス製品が並びます。

Noriko MIURA

day 268

野生化したりんごの木

　夫の母の家族が代々住んでいた農家が私達の田舎です。何年か誰も住んでいない時期があったのですが、コロナ禍になりパリよりも自由に庭で過ごせるということもあり、頻繁に通うようになりました。

　パリから100キロメートル圏内のノルマンディー地方なので、パリっ子には人気があるエリアです。近所にはパリに仕事に通っている人がたくさんいます。

　田舎の家の一番の魅力はりんごや洋ナシ、桃、胡桃の木が生えている裏庭があることです。100パーセントオーガニックといえば聞こえはいいかもしれませんが、家の修理と表の庭仕事をするのが精一杯で裏庭は野生化しています。それでも毎年食べきれないほどの実をつけるので、季節のジャムやタルトが食べられます。

　近所の人と、自分の家にはない実のジャムやタルトを交換したり、パリのお友達におすそ分けするのも毎年楽しみです。

Masaé TAKANAKA

day 269

田舎暮らしの秋の風景

　週末はできる限り田舎暮らしをしています。それは季節を肌で感じられるのが気に入っているからです。春は生命力溢れんばかりにすべての植物が芽吹き始め、春から夏にかけては1週間ごとに平原に違った花畑が現れ、花の甘いいい匂いがします。夏は穀物を刈った後の香ばしい藁の匂いがします。草原にコロコロ転がっている大きな藁の塊を眺めるのが好きです。

　一番好きな秋は、絵画のような色のグラデーションが美しい蔦で、色付き始めるとうっとりする美しさです。道ですれ違うおじさん達も、「あの森にキノコが生えてたよ」とキノコ狩り情報を交換したり、キノコの食べ方を教えてくれます。夕方になり、暖炉の火が燃える匂いがしてくると、そろそろ家に帰ろうかと情報交換もお開きになります。そして、ひんやりする冷たさと暖炉の匂いが恋しい冬。暖炉でマシュマロやじゃがいもを焼くのが楽しみです。「冬がやってくる」と思うとちょっとワクワクします。

Masaé TAKANAKA

day 270

パリ散歩で見つける美しいモザイクタイル

　パリを散歩している時、昔からのカフェやビストロ、パッサージュ、身近な場所だと友達の家などのアパルトマンのエントランスなどに美しいモザイクタイルを目にすることがあります。

　アール・ヌーヴォーの曲線的な植物柄やアール・デコのグラフィック感のあるシャープなもの、古いカリグラフィーがデザインされたものなど本当に素敵なものが無限にあります。

　友人は購入した家の改装工事をした際、床に貼ってあった絨毯を剝がしたら下から美しいモザイクタイルが出てきたので、そのままにした！と言っていました。そんなうれしいハプニングも。

　パリ観光で必ず通るであろうパレ・ロワイヤルの回廊や、ヴァンドーム広場からチュイルリー公園に抜ける回廊でも美しいモザイクタイルがあるので、ぜひ見てください。パリは足元にも美しいものがありますよ。

Masaé TAKANAKA

day 271

美容界のミシュラン・インターコワフュール

　インターコワフュールとは、いわば美容界のミシュラン。1925 年 4 月 14 日、スイス、ドイツ、イギリスの美容家代表がドイツ・ハンブルクに集まり、世界のヘア・ファッション業界を推進する活動をスタートしました。

　1972 年に、優れた活動を展開したメンバーに「ナイト」の称号を贈る制度が導入され、アレクサンダー・パリ、ジャック・デサンジュ、モーリス・フランクなど多くの優秀な人材を輩出しました。現在は、世界のヘアファッションネットワークを構築し年に 1 度、フランス・パリでイベントを開催しています。

　インターコワフュールに加盟するサロンで、それぞれの国でヘアファッション界をリードするサロンは 2000 軒以上。ミシュランの星を取ることに命をかける多くのシェフがいるように、理美容の世界にもナイトの勲章を取るために日頃技術を磨く人たちがいるのです。

Morimitsu MIYAMOTO

day 272

夏のコルシカ島、冬のコルシカ島

　夏のバカンスに命をかけているフランス人の代表的な避暑地のひとつコルシカ島。Corsica はイタリア語で、フランス語の場合は Corse。フランス皇帝ナポレオン1世の出身地としても知られていて、毎年多くの観光客で賑わいます。

　フランス領として知られるコルシカ島ですが、イタリアに近い位置にあり、現地の人はフランス語を主としてイタリア語も話し、コルシカ語もまだ使われています。

　昔、コルシカ出身の友人に「君はフランス人ではないの？」と尋ねると、真顔で「僕はコルシカ人です‼」と返されたことがあります。フランス人とは一緒にされたくないと思う人がコルシカ島には多々存在するようです。

　フランス本土でもなかなかお目にかかれない新鮮な魚や魚料理、そして何よりもコルシカ島特産の猪料理には胃袋をつかまれるはず。地元の人の情報では、夏は多くの人が訪れるけれど、食を堪能したければ秋、冬が一番だそう。冬のコルシカ料理、ぜひ味わってみたいものです。

Mormitsu MIYAMOTO

day 273

ガリエラ美術館

　Musée de la Mode de la Ville de Paris（パリ市ガリエラ美術館）は服飾とオートクチュールの芸術と歴史をテーマに年に2回企画展を行なっていて、およそ9万点の収蔵品があります。毎回モードの企画展なので、モード好き、ファッションを学んでいる学生には外せない美術館です。

　この美術館はイタリア人建築家レオン・ジナンによって1878〜1894年にかけて建設されました。ガリエラ公爵夫人マリア・ブリニョーレ=セール・デ・フェラーリが自分の美術品を収め、パリ市に遺すことを希望していたためにこの地に美術館を建てたそうです。

　最近ではココ・シャネル展があり、コロナ禍でしたが大反響でした。毎回キュレーターの企画が素晴らしいのと、館内の広さが2時間くらいで回るのにちょうどいいので、おすすめです。

Masaé TAKANAKA

day 274

アール・ヌーヴォーのカフェ

　パリっ子には各エリアに自分のお気に入りのカフェがあります。

　私も 17 区のクリシー広場近くに行ったら必ず寄るカフェがここです。

　19 世紀には Les Porcherons（レ ポルシェロン）というビストロだったところを 1914 年からそのまま残した美しいアール・ヌーヴォーの装飾があるカフェ、Le Cyrano（ル シラノ）。高い天井、ステンドグラスのモザイク窓、美しい楕円形の鏡。100 年以上前にタイムスリップした感覚になります。

　カフェに通う人も、地元の学生、デザイン関係の BoBo（Bourgeois（ブルジョワ） Bohemian（ボヘミアン） の略）、コメディアン、地元の朝からお酒を飲んでいるおじいさんなど。良きパリの時代を彷彿させます。まるでフランス映画を見ているような人間模様が見られます。

　おしゃれでクリーンなカフェばかりになりつつあるパリでは、なくならないでほしい私的おすすめカフェのひとつです。

Masaé TAKANAKA

day 275

結婚式の花瓶の話

　蚤の市を回っているとよく目にする花瓶があります。写真のような花瓶だけを集めて売っているディーラーさんも見かけます。

　手描きで金のデコレーションをしているものや真っ白なもの、大きさも様々です。売っている人に聞いてみると、昔結婚式の日に花嫁さんのベッドの横や、テーブルに飾られたものだそう。作られた年代も様々でナポレオン時代のものもあります。

　田舎の家にもあったので、義理の母に尋ねてみると「結婚式の日に花を飾るための花瓶なのよ。ドライフラワー用のものは裏に穴が開いてるでしょ」と。

　花瓶にまつわる幸せな思い出があるのはとても素敵だなと思いました。大切な友人が結婚することになり、蚤の市で花瓶を見つけてプレゼントしました。結婚式当日、プレゼントした花瓶には花が生けられていました。そして結婚記念日にもお花を今でも飾ってくれているようです。

Masaé TAKANAKA

day 276

ビュット・ショーモン公園

　パリ19区にあるパリで5番目に大きな緑地で、採石場の跡に作られた公園が Parc des Buttes-Chaumont です。1864年に採石場だった場所がゴミ捨て場となり、Chaumont（禿山）と呼ばれていた丘のエリアを、ナポレオン3世とオスマン男爵の指揮のもと3年かけて整備してできました。観光客にはあまり知られていませんが、パリっ子にはオアシスのように愛されている、自然がたくさんの公園です。採石跡の穴が洞窟になっていたり、滝や小川、吊り橋、池などが人工的に作られていて、季節の移り変わりが楽しめます。

　春はお花見、夏は水着で日光浴、秋は紅葉を満喫し、冬は雪が降ったらスノーボードやスキー板を掲げて集まり、スキー場に！

　私は真っ赤に染まる紅葉が大好きです。「冬がやってくるな」というちょっと肌寒い季節に、植物達が最後にパーっと公園に魔法をかけたように秋色のグラデーションに変わります。

Masaé TAKANAKA

day 277

不定期に開催される蚤の市

　フランスでアンティーク市といえば、週末に開かれる骨董のプロによる Vanves^{ヴァンヴ} や Clignancourt^{クリニャンクール} の蚤の市 Marché aux puces^{マルシェ オ ビュス} ですが、1年を通して街の至るところで不定期で開催される Brocante^{ブロカント} と呼ばれる蚤の市もあります。

　中でも、年に2回、春と秋にパリ3区のブルターニュ通りで開催される大ブロカントは、国外からのバイヤーも集まるほど人気のイベント。

　そしてもうひとつ、Vide-grenier^{ヴィッド グルニエ} と呼ばれる蚤の市は、一般家庭での不要品を出店する庶民的な青空市。家に眠っている食器や家具、洋服、本が並び、中にはおもちゃや絵本を、大きくなった持ち主が店番をして売っていることも。

　娘が小さい頃は、誰かのお下がりの Schleich^{シュライヒ} の人形を1ユーロほどで見つけるのが楽しみでした。使わなくなったものを新しい物語につなげていく、ものを大切にするフランスの大好きな文化のひとつです。

Yui TANIGUCHI

day 278

庶民的なヴァンヴの蚤の市

　パリの三大蚤の市のひとつ、14 区にある Vanves の蚤の市は、高級な骨董品からガラクタまで手に入る庶民的な青空市です。

　フランスらしいアンティークの食器にカフェ・オ・レ・ボウル、カトラリー、レースやボタン、古本、家具など、探していたアンティークに巡り合えるかも。

　綺麗に並べられたクリスタル・グラスの横には、段ボールにごちゃ混ぜに入れられた古物、何百ユーロもする 17 世紀の骨董品もあれば、1 ユーロで買えるガラクタもあります。その中で、実は値打ちがある掘り出し物を見つけるなど、まるで宝探しの気分になれます。

　値段交渉も楽しみのひとつ。お気に入りを見つけたら、値切ってみたり、諦めたところでお店の人から値を下げてきたり、迷っている間に売れてしまって悔しい思いをしたり、売れないで残っていてくれたりも。そんな一期一会の運命の出会いが待っているかもしれません。

Yui TANIGUCHI

day 279

アロマを使った手作りコスメ

　オーガニックがすっかり定着したパリでは、ナチュラル志向の人たちの間で、手作りコスメもブームになっています。

　10年ほど前までは小さなお店だった、手作りコスメとアロマの専門店、AROMA ZONE は、右岸と左岸に大きな店舗をそれぞれ構え、それでも行列ができるほどの人気店に。化粧水にクリーム、口紅、マスカラ、マニキュア、シャンプー、ヘアカラー剤まで、手作りコスメに使うありとあらゆる材料や、それぞれの容器や道具など、お手頃価格でなんでも手に入ります。店内ではコスメのレシピを調べることもでき、セミナーも開催されています。

　私も10年ほど前から化粧水やクリーム、リップバームなど、肌につけるものを手作りするようになりました。今は娘と一緒に、季節によって精油を変えたり、天然顔料を入れてピンク色の蜜蠟リップバームを作るのが楽しみのひとつです。お肌にも地球にもやさしい循環を未来につないでいきたいという思いを込めて。

Yui TANIGUCHI

day 280

グルテンフリー・ベーカリー

　健康意識の高いパリっ子の中では実践している人も多いグルテンフリー。グルテンを含む小麦を排除した、アレルギーや美容、体質改善のための食事療法です。最近ではスーパーにもグルテンフリー・コーナーがあり、身近なものになりました。パリで初めてグルテンフリー・ベーカリーをオープンさせた11区のChambelland（シャンベラン）は、オーナー自ら製粉所を建て、オーガニックの米粉や蕎麦粉などの穀物粉を使用した専門店です。パンはもっちりとしていて味わい深く、タルトやスイーツも驚くほど美味。店内のカフェではサンドイッチやサラダなどもイートインできます。

　以前近所に住んでいた頃は、娘のおやつは決まってここのシュケット（シュー生地に砂糖をまぶしたシンプルなお菓子）でした。ふわっと軽くてやさしい味は、何度でも食べたくなります。そして、家庭で使える様々なグルテンフリーの穀物粉も販売されているのも魅力のひとつです。

Yui TANIGUCHI

day 281

クリスマスの準備

　一年のうちでパリの街が最も輝くクリスマスシーズン。シャンゼリゼ通りの並木道には、きらびやかなイルミネーションが連なり、デパートのショーウィンドウには子供達が夢中になって覗き込む、人形達のパレードショーが。

　ノスタルジックなクリスマスマーケットにお店が立ち並び、街の至るところに大きなモミの木がそびえ立ち、クリスマスムード一色です。

　セレクトショップ Merci の入り口もゴールドの光がちりばめられ、胸が高鳴ります。街中に魔法がかかり、ファンタジーの世界に染まったパリは、クリスマスが過ぎてもその余韻を残したまま、新年を迎えます。

　場所によっては2月頃になっても、ところどころにクリスマスカラーを残したままののんびりしたところもあります。そんな、ゆるい文化もまたフランスらしく、灯り続ける光は、寒く暗いパリの冬を照らし、人々の心をほっこり温めてくれます。

Yui TANIGUCHI

day 282

アップサイクルのブランド

　アップサイクルとは廃棄素材を生かし、より良い別の製品に作り変えることで、捨てられる運命だったものに、新しい命を吹き込む作業のことを指します。サステナブルな物作りの考え方は、特にファッションの分野で積極的にチャレンジが始まっています。

　アップサイクルは「素材をそのまま使う」ので、原料に戻すエネルギーが必要なく、環境に余計な負担をかけません。そして、より長く使えるように別の製品に作り変える作業です。

　パリでも若い世代が中心となり、廃棄された古い生地を再利用し、洋服や小物を作るなど様々な活動をしているブランドがあります。

　Les Récupérables も廃棄予定のカーテン生地を使って、いろいろな商品を生み出しているブランドのひとつです。若い世代から新しい発想とエネルギーが生まれるパリ。少しでも貢献できるように勉強しないと、と思います。

Maki KINAKA / Photo by Yusuke KINAKA

<u>day 283</u>

プチシュー

　小さな Chou を可愛らしく飾ったシュー菓子屋さんを最近よく見かけるように
なりました。昔からあるプチシューは「Chouquette」と呼ばれ、クリームの入って
いない生地とカリッと焼かれたお砂糖の味を楽しむもの。それが、ここ数年シュー
の中にクリームを入れて売るお店が増えてきました。

　軽い食感のクリーム、クレーム・レジェールを注文すると、その場でシューに詰め
てくれます。ショコラやキャラメル、バニラなど風味にバリエーションがあって、手の
ひらにのるくらいの小さなサイズなので、歩きながら食べたり、友人宅へのお持た
せに使ったりと何かと良い具合です。

　ちなみにシューはキャベツの意味。シュー菓子屋さんの中には LES
CHOUPETTES de ChouChou（素敵なかわいい子）なんて名前のお店もあり
ます。

Maki KINAKA / Photo by Yusuke KINAKA

day 284

ラペルーズはパリ最古のレストラン

　サン・ミッシェル近くのセーヌ沿いにある一軒のレストラン、Lapérouse はパリ最古のレストランといわれており、ルイ 14 世がプロポーズした場所としても有名です。小さな個室がたくさんあるこのレストラン、当時は人目を忍ぶ逢引に使われたり、隠し扉で外からこっそり入れるお部屋もあったそうです。

　その中のひとつにたくさんのひっかき傷が入った鏡の部屋があるのですが、それは昔、プレゼントのダイヤが本物かどうか確かめるために愛人達が引っかいた傷といわれています。やだ、すごい逸話……。

　今でもここでプロポーズする人は多いらしく、その際は指輪で鏡をキキッとするとかしないとか。そして、このレストランのスペシャリテは 1890 年から変わらず提供されているプラリネ風味のスフレ！　塩キャラメルのソースをかけて……いくらでも食べられる軽さと美味しさです。

Maki KINAKA / Photo by Yusuke KINAKA

<u>day 285</u>

レ・バン・パリ

　昔は公衆浴場で、その後クラブとして名を馳せた Les Bains Paris。

　今はラグジュアリーなホテルとして再オープンし、併設のレストランやバーの内装がユニークで、オープン当時評判になりました。パリはこのように元の外観を引き継ぎながら、内装のみを変えて建物を使うのが一般的です。今も昔の面影を残す街並みにそれがよく表れていると思います。

　それはアパルトマンでも同じこと。

　外観や天井のレリーフや窓周りなど素敵な箇所は残しつつ、中はすっかりリノベーション、近代的な設備を入れた新旧ミックスなアパルトマンが数多くあります。

　近代的といっても、ここはフランス。

　今でもエアコンのある家はほとんどありませんし、バスタブ付きの部屋を探すのもなかなか難しいなど、不便なことは減っていませんが、みんなアナログなフランス暮らしをやめられないのです。

Maki KINAKA / Photo by Yusuke KINAKA

day 286

シャンパーニュのメゾンへ

　パリ東駅から TGV で 1 時間弱、シャンパーニュ地方ランスへ到着。

　ここはカーヴ見学ができる大手シャンパーニュ醸造所やシャガールのステンドグラスで有名なノートルダム大聖堂など、見どころが多い素敵な街。

　今回の目的は、シャンパーニュのドメーヌ、ジャック・セロスのホテル、レザヴィゼ（Hôtel Les Avises）で週末を過ごすこと。

　ぶどう畑を走り抜け、Cote des Blancs 地区の中心部アヴィズの丘に建つホテルに到着。ここはカーヴとレストランを備えた 8 室のみの小さな館です。到着後、早速カーヴの見学へ。シャンパーニュ界のカリスマ的存在の当主アンセルム・セロスご本人に案内していただきます。

　今や買うことも、飲むことも難しくなったセロスのシャンパーニュ樽がずらーっと並んでいて、有難くて拝んでしまう！　カーヴで試飲の後も、シャンパーニュとお食事を満喫。シャンパーニュ三昧の至福の週末を過ごせます。

Maki KINAKA / Photo by Yusuke KINAKA

day 287

フランス人に欠かせない「肘当て」

　フランス人にとって、欠かせないアイテムのひとつが「Coudes」と呼ばれる「肘当て」です。

　パリの手芸屋さんに勤務するようになって、何度この「肘当て」をお客様に求められてきたことでしょう。普段接客をしていて感じるのは、フランス人は本当にものを大切にする人たちだということです。特にお気に入りの服、ブラウスやワンピースやセーターなども破れたり、たとえ穴が開いていたとしても、簡単に捨てたりなどせず、なんとか補修して着続けようとします。その姿勢には時々感動さえ覚えます。

　この「肘当て」もそんな人気アイテムのひとつで、「こんなに肘に穴が開くかな？（笑）」と時々疑問に思いながらも、老若男女、お年寄りからおしゃれなマダムやムッシュー、子育て中のママや職人さんなど、本当にありとあらゆる人たちが、肘に穴の開いたセーターを持っては、合う色の肘当てを求めてお店にやってくるのです。

Kaori KONISHIKAWA

day 288

ムッシュー・ウルトラモッド

　私が働いている Ultramod（ウルトラモッド）は、パリ2区にあるキャトル・セプタンブル駅すぐそばに位置する手芸店。お店で見つかった一番古い領収書が1832年のものだったそうで、創業から190年近くも経っている歴史あるお店です。

　初めていらっしゃるお客様は感激のあまり、「まるでアリババの洞窟だわ！」とおっしゃることも多く、何度その言葉を店内で耳にしたことでしょう。

　ウルトラモッドには現行品のほか、ヴィンテージのリボンやボタン、ギャロンと呼ばれる飾りテープや帽子の商材がところ狭しと並んでおり、その佇まいは本当に宝物で溢れた「アリババの洞窟」のようです。

　同僚の「ムッシュー・ウルトラモッド」ことマークは、22年間勤務するベテランのスタッフ。彼は心からウルトラモッドを愛しており、知識はもちろんのこと、驚くような素敵なアイディアも豊富。そんな彼のアドバイスを求めて来店する方も多く、彼はウルトラモッドにとって、なくてはならない存在なのです。

Kaori KONISHIKAWA

day 289

タペストリー専門店

　メトロ 3 番線 Quatre-Septembre 駅から Passage Choiseul を通り抜けたところに、小さなタペストリーのお店、Annie Bouquet があります。タペストリーとは、Canevas と呼ばれる格子の硬い生地にプリントされた絵柄に沿って刺繍していく、フランスの伝統的な手工芸のひとつです。

　よく間違えられるのですが、クロスステッチとは異なるステッチの刺繍で、基本的にはウールの刺繍糸を使用します。

　小さくて可愛い店内には、そのタペストリーのキットがたくさん並んでおり、デザインはすべてオーナーの手描きです。キットには、クッションカバーや壁に飾るための大きなアート作品のほか、初心者にもおすすめの比較的小さなオーナメントサイズのものなど大きさも様々。私はフルール・ド・リス（アヤメの形をした紋章などに使用されるモチーフ）のオーナメントのキットを購入してみました。

Kaori KONISHIKAWA

day 290

ビオのヘアサロン

　髪色を変えると気分も上がるので、頻繁に、簡単にイメージチェンジを楽しんでいると、ある日気がつくのが髪質の変化。パサつきだったり、コシがなくなってきたりということが気になる人も多いのでは。そんな中、BIO（オーガニック）をヘアケアにも取り入れているヘアサロンが注目を浴びています。

　フランス人美容師の Charley Assoun は、オーガニック 100 パーセントの植物ヘアカラーを作り上げた第一人者。その後は多くの人が製品に共感を覚え、今では街中にあるオーガニック商品のスーパー Bio Magasin や、美容室 salon de coiffeur などで数多くのメーカーのオーガニック商品を見つけることができるようになりました。

　自然素材で作られている製品は、地肌も痛めず、洗い流す水が川や海を汚すこともありません。さらに、その水で育った植物や食品も安心して体内に取り入れられるという美徳の連鎖が、今の時代に受けているようです。

Morimitsu MIYAMOTO

day 291

セルジュ・ゲンズブールとジェーン・バーキン

　作詞家で作曲家、映画監督、多才なセルジュ・ゲンズブールと恋に落ちたジェーン・バーキン。1968 年の映画『スローガン』の撮影現場で出会った 2 人。最初は違和感を覚えたものの、すぐにゲンズブールの魅力にとりつかれ「一晩でキャラクターが激変し、私は彼に恋をしてしまった」。1969 年に 2 人は「Je t'aime... moi non plus」という曲を一緒にレコーディングします。セクシュアルな歌詞は多くの人に衝撃を与え、2 人は注目を浴びます。

　2 人の大恋愛は今もなお「20 世紀最強のカップル」と表現され、魅了し続けています。「未だにこの 2 人を超えるカップルは出てこない」と私は思っています。

　ゲンズブールとジェーン・バーキンの愛の巣であり、彼が亡くなるまで住んだ家は 7 区にあり、その家が 2022 年春にミュージアムとして一般公開されることになりました。パリのホットなスポットになることでしょう。

Masaé TAKANAKA

day 292

シャルロット・ゲンズブールとパリジェンヌ

　中性的な身体。着古したシンプルな白いＴシャツにデニム、トレンチコート。無造作なナチュラルヘア。

　何もかもシンプルなシャルロット・ゲンズブールのスタイルはパリジェンヌの憧れです。そんなシャルロットでもいろいろなインタビューで「コンプレックスのかたまりだった」と話しています。

　まずは自分を知ること、そして認めることから。パリジェンヌは「自分らしさ」「内面から出る美しさを」を大事にします。デコルテが綺麗に見えるトップスの開き具合、鎖骨にさりげなく乗る華奢なネックレス、ウエストとヒップがセクシーに見える着古したデニム。素足にヒール。最後に赤いリップをつけて、チークをさりげなく。ポシェットから無造作に瓶ごと入った香水を取り出し振りかける。

　愛らしいパリジェンヌは「何もしてないのよ」と口々に言いますが、パリジェンヌって最強だなっていつも思うのです。

Masaé TAKANAKA

day 293

アドヴェント・カレンダー

　11月になるとスーパーやパティスリーなどに一斉に並ぶアドヴェント・カレンダー。12月1日から24日の間、クリスマスの日までを待ちわびながら毎日カウントダウンをして楽しむ、ヨーロッパの子供達にとって大切なイベントです。

　カレンダーには24個の窓があり、毎朝、子供達は目を覚ますと、ワクワクしながら飛び起きてその日の窓を開けます。

　窓の中身は小さなチョコレートやお菓子が主流ですが、おもちゃやアクセサリーが入っていたり、母親が中身を一つひとつ手作りする家庭も。窓がすべて開いた日の夜には、サンタさんがトナカイの引くソリに乗ってやってきます。

　私の娘は中に入っていたチョコレートを大事に取っておいて、イヴの夜にプレゼントを持ってきてくれるサンタさんにお礼をするために、モミの木の横にワイン一杯とお手紙と一緒にそっと置いていました。

Yui TANIGUCHI

day 294

銀世界のパリ

　パリは雪景色が美しい街という印象がありますが、実はあまり雪が積もることはありません。一面の銀世界を見られるのは数年に一度です。

　2018年は31年ぶりの大雪で、エッフェル塔が閉鎖されたほどでした。塔の下に広がる Champ de Mars 広場（シャン ド マルス）は真っ白な雪の絨毯で覆われ、しんと静まり返った幻想的な世界に、その珍しい景色を見に来た人々の雪遊びをする声が響きます。こんな日は、めったに雪が積もらない街も、生活にもいろいろな影響が生じて大混乱。公共交通機関や道路がストップしてしまうと、仕事に行けない人がいたり、徒歩での通学ができない郊外の学校は数日間の休校になります。

　その一方、モンマルトルの丘の坂道をゲレンデにしてスキーやスノーボードで楽しむ若者や公園の斜面でソリをする子供達のはしゃぐ姿に、微笑ましい気持ちになります。

Yui TANIGUCHI

day 295

フランス人は散歩が好き

　まだフランス語が全く話せなかった何十年も前のことです。パリ郊外の家庭に2週間だけホームステイしていました。週末の夜、夕飯も終わった後に、家族みんなで車でパリに出かけました。私は言葉がわからないので、何をしにパリに来たのかもよくわからず、ただみんなの後をついて歩くだけです。

　季節は12月。パリの街のノエルの飾り付けや、とても凝った百貨店のショーウィンドウを見ながらの散歩でした。散々歩いて、カフェに入ることもなく車で家に戻りました。外国人の私のためにパリのノエルを見せてくれようとしたのでしょう。その後長く住むうちに、フランス人は散歩が大好きなことがわかりました。

　バカンス地ではもちろんのこと、パリにいても、お天気の良い日曜日など、散歩しない？と誘われることもしばしば。パリは歩いて楽しい街。そしてパリジャン、パリジェンヌたちも、歩くたびにパリには発見があると思っているようです。

Ayumi SHINO

day 296

パリの雪

　毎年、冬の間に少なくとも1回はパリにも雪が降ります。

　さーっと降ってすぐに溶ける雪で、積もらないことがほとんどですが、時々は一面の雪景色になることもあります。普段から美しいパリの街ですが、雪化粧でますます綺麗に。

　溶ける前に雪のパリをカメラに収めなければ、と長靴を履いて慌てて外に飛び出していくことになるのです。

　大雪の日に撮影があると困ります。それはタクシーがつかまらず、モンマルトルの坂を車が上って来られなくなるので、重い撮影機材をかついで修行のように撮影現場まで徒歩で行くことになるからです。

　しかし、フランス人はなんでも楽しんでしまうのが得意。坂道で子供達はソリ遊びをして、大人もなぜか普通の道をスキーを履いて歩くなど、クスッと笑ってしまうような光景を、いろいろ見ることになるのです。

Ayumi SHINO

day 297

王妃マリー・アントワネットが愛したクグロフ

　山型の可愛いパンのようなお菓子、クグロフは、王妃マリー・アントワネットがオーストリアから持ち込んだお菓子としても有名です。王冠のような中心が空洞の独特の形をしたクグロフは、表面にうねり模様があるアルザス地方産の陶器の型で焼くと、ふんわり美味しく焼けるといわれています。

　イーストを使った発酵生地にキルシュ漬け干しぶどうを入れ、アーモンドを飾って焼き、最後に粉糖でおめかしして出来上がり。

　パン生地を使って焼くのがフランス・スタイルです。だから、パン屋さんにもクグロフが並んでいるんですね。

　オーストリアやドイツでは、パウンドケーキ生地で焼くので、見た目は同じでも味は甘い焼き菓子になります。

　ヨーロッパは国同士が隣り合っているせいか食べ物や風習が似て異なることも多々あり、その違いを探すことも楽しみのひとつです。

Maki KINAKA / Photo by Yusuke KINAKA

day 298

世界で最初の音声記録装置

　バーやライブハウスが多くあるピガール駅周辺には、楽器や音楽機材の店が立ち並ぶエリアがあって、その一角に蓄音機コレクターのジャラル・アロさんが個人でオープンした PHONO Museum Paris(パリ蓄音器博物館)があります。

　世界で最初に音声を記録する装置を作ったのは、1857 年フランス人エドワール・レオン・スコット・ド・マルタンヴィルという人だそうで、なんとエジソンより 20 年も早い発明なんです！　エジソンが有名すぎて、あまり知られておらず残念……。その装置は Phonautograph というそうで、博物館には世界初のフォノトグラフから現在までの蓄音機を中心としたコレクションが展示されており、実際に昔の貴重な蓄音機の音も試聴できます。

　博物館のお隣には蓄音機やポスターなどを販売するショップも併設されていて、コレクターズ・アイテムが人気だそうです。

Maki KINAKA / Photo by Yusuke KINAKA

day 299

クリスマスのウィンドウ

　11月末になるとパリっ子はクリスマスの準備に追われます。こちらのクリスマスは日本のお正月と同じで、家族全員が集まる行事です。みんなでクリスマス料理を頂き、プレゼント交換をするので、この時季は家族や親戚全員のクリスマス・プレゼントを調達すべく、みんな大忙しなのです。

　街中の大型店のショーウィンドウも、ここぞとばかりにクリスマス・ディスプレイで買い物をアピール。毎年凝ったディスプレイで楽しみにしているのは、ギャラリー・ラファイエット。

　音楽が流れ、それに合わせて可愛い動物のキャラクターが踊ったり演奏をしたり。毎年テーマに合わせて趣向が凝らされており、子供でも見られるようにステップ台も設置されています。

　夕暮れの風景と重なってキラキラが増す夕方が、子供達が来場するピークの時間。目を輝かして覗き込む子供を見守る大人もみんな優しい表情です。

Maki KINAKA / Photo by Yusuke KINAKA

day 300

シャンゼリゼのイルミネーション

　クリスマスのシーズンは一年の中で最もパリが輝く季節です。

　有名なシャンゼリゼ大通りもこの時季はまばゆい光に包まれ、大勢の人で賑わいます。イルミネーションの点灯式は毎年11月下旬で、ゲストに招かれる女優と市長が一緒にボタンを押してスタート。点灯は翌年1月の1週目まで続きます。テーマカラーは毎年変わり、赤 (flamboyant＝燃えるような、あざやかな、と呼ばれているそう) だったり、ブルーだったり。今年は何色かなあと考えるのも楽しみですし、色が変わると通りのイメージがガラッと変わります。

　景観の問題でシャンゼリゼ通りの Marché de Noël (クリスマス市) がなくなったり、コロナ渦のため点灯式がオンライン参加になったりと、ここ数年は今までと違うクリスマスシーズンを迎えていますが、今年は一体どうなるのかな……。

Maki KINAKA / Photo by Yusuke KINAKA

day 301

ロワイヤル通りのイルミネーション

　コンコルド広場に近いロワイヤル通りは、突き当たりにはマドレーヌ寺院があり、交差するサントノーレ通りにはブランドのお店が軒を連ね、クリスマスのウィンドウも華やかなエリアです。

　以前この周辺はバカラの黒シャンデリアが飾られていたのですが、ここ数年はシンプルでクラシックな雰囲気のキャンドル型イルミネーションに変わりました。

　パリは、12月になると大通りから小さな商店街までイルミネーションが光り輝きます。日没はだいたい17時くらいなので、夕方の帰宅時には街はきらめいていて、特別な予定がなくてもワクワクと気分も上がります。

　花屋の店先にはポインセチアやシクラメンの花鉢に混じってツリー用モミの木が並び、どれを買うか相談しているファミリーの姿も。1年の最後の月はバカンスや楽しいことがいろいろある、ご褒美のような月でもあります。

Maki KINAKA / Photo by Yusuke KINAKA

day 302

ギャラリー・ラファイエットのツリー

　10月後半になるとギャラリー・ラファイエットのツリーの季節がスタートします。ギャラリー・ラファイエットのツリーはパリで一番早く飾られる華やかなツリーです。オペラ座近くにあるギャラリー・ラファイエットは、クーポールと呼ばれる金色に輝くステンドグラスと鉄鋼で作られたドーム天井を持ち、劇場のように各階から地上階を見下ろすことのできる、クラシックで美しいオスマン建築の百貨店です。クーポールに届くほどの巨大ツリーが中心部分に飾られると、ああ今年もあと少しだなあと思ってしまいます。

　ツリーのテーマは毎年変わり、30分ごとに音楽とイルミネーションのミニショーがあり、デコレーションが動きます。

　2020年は「Le voyage de Noël クリスマスの旅」がテーマで、天井から吊るされた気球や飛行機が音楽に合わせてフワフワ上下に動いて可愛かった♪　クリスマスシーズンは、いくつになってもワクワク気分です。

Maki KINAKA / Photo by Yusuke KINAKA

day 303

オテル・ド・ヴィル

　12月になると Hôtel de ville (パリ市庁舎) 前の広場も、ロマンチックな装い
に変わります。

　かつては無料スケートリンクが設営され、大人も子供もカップルもみんなで野
外スケートを楽しんでいたのですが、数年前よりスケートリンクは他の場所に移
動。それ以来、毎年クリスマスになると、この広場は森になるのです。

　石畳の上にたくさんのモミの木がそびえ立ち、小さな森が完成！　木と木の間
には小道もあって、散策できるようになっています。青くライトアップされた市庁舎
には雪が降る様子が映し出され、メリーゴーラウンドのまばゆい光も反射し夜の
遊園地のよう。

　雪の積もった小さな Marché de Noël (クリスマスマーケット) もあり、メリー
ゴーラウンドは無料のためこの時季は特に大行列ができます。そして、夜遅くまで
家族連れやカップルで賑わいます。

Maki KINAKA / Photo by Yusuke KINAKA

<u>day 304</u>

リッツのクリスマス

　Noël（クリスマス）のシーズンになると街はキラキラのイルミネーションで輝きますが、それはホテルも同じこと。

　パリには、ル・ムーリスやクリヨンといった素敵なホテルが何軒もありますが、その中でもヴァンドーム広場にあるリッツは、女性にとって特別感のあるホテルではないでしょうか。

　ココ・シャネルが晩年まで暮らし過ごしたホテルとしても有名ですし、ヘミングウェイが愛したバーがあるこのホテルは、長い歴史に彩られた特別なホテルです。レストランを抜けると奥に続く通路に沿って、美しい中庭があるのですが、ノエルの頃はさらに美しくデコレーションされ、中央にある白い Gazebo（西洋風あずまや）もキラキラ輝くオブジェとなります。2 年前はイルミネーションで彩られた鹿のオブジェが周りに置かれていて、まるで光り輝くおとぎの国のようでした。毎年変わるデコレーション、今年も楽しみです。

Maki KINAKA / Photo by Yusuke KINAKA

day 305

旬の食べ物〜冬編〜

　ヨーロッパでクリスマスを過ごしたことのある人は、日本のクリスマスの過ごし方とあまりに違うのに驚かれたことも多いかと思います。街には人がいなくなり、家族で過ごす雰囲気は日本のお正月が思い浮かびます。

　お祝い料理の定番は、日本のおせち料理とは似ても似つかぬ、牡蠣やフォアグラです。フランスでは、牡蠣を温めて食す習慣がなく、日本の牡蠣フライの話をすると気持ち悪いと言われることもよくあります。

　小ぶりのフランスの牡蠣は海の恵みがギュッと詰まった美味しさで、とても淡白なためひとりで2ダースぐらい食べてしまう人もいます。

　クリスマスが終わると、翌26日には帰省ラッシュが始まり、今度は31日のニューイヤーを友達と祝うための準備にかかります。

Teruki ISHIBASHI

<u>day 306</u>

サンタクロースからの手紙

　11月末になるとフランスでは多くの道にイルミネーションが灯り、街中のショップや百貨店はクリスマス商品を買い求める人々でごった返します。クリスマスには家族が集まるため、各自当日集まった人へのプレゼントを用意しなければなりません。そんな時にふさわしいとっておきのプレゼントがあります。フランスの郵便局のサービスで、クリスマス前に WEB サイトからサンタクロースにメッセージを送ることができるのです。送った数日後には、サンタクロースの秘書から感謝の手紙が家に届きます。

　とても夢のあるサービスで、これは世界中の子供達へ向けても行なわれていますので、ぜひ次回のクリスマス前にはサンタクロースへ感謝の手紙をお子さんと書いてみてはいかがでしょうか？

　素晴らしいクリスマスの思い出になるでしょう！

Teruki ISHIBASHI

day 307

クリスマス聖夜のミサ

　カトリックの国であるフランスでは、イエス・キリストの生誕祭である 12 月 25 日のクリスマスは祝祭日になります。

　前日の 24 日は、日本のように恋人や友人とではなく、家族や親戚と共に過ごします。日本でいうお正月のような、一年で最も大切な日で、フランス中の人々が実家へ帰省し、親族が大集合します。

　イヴの夜は Réveillon と呼ばれるお祝いのご馳走を囲み、その後、深夜に家族で教会や大聖堂のミサに足を運びます。聖歌隊の歌声とパイプオルガンの音色が教会中に響き渡り、キリストの誕生を祝い、神父の説教に耳を傾け賛美歌を歌い、祈りを捧げます。

　聖夜の鐘の音は、たとえるなら、大晦日に家族揃って除夜の鐘を聞きにお寺に行く感覚でしょうか。聖夜と除夜、どちらも新しい始まりを迎えるため、心身を清め、世界の平和と健康を祈り、それぞれが感謝する日になります。

Yui TANIGUCHI

day 308

メリーゴーラウンド

　パリには無数のメリーゴーラウンドがあり、あちこちで見かけることができます。周りには、いつも子供達が楽しそうに行列をなしています。

　通りの広場や公園、駅前には必ずといって設置されている、ちょっぴり古く(レトロな)色合いも少し今風でないけれど懐かしい遊具がメリーゴーラウンド。

　フランス語では Carrousel、Manège と呼ばれています。馬に乗る練習のために作られたというメリーゴーラウンドは、昔は貴族の遊びに使われていたそうで、マリー・アントワネットもヴェルサイユ宮殿に置いて(きっとすごく豪華版でしょうね)楽しんでいたらしいです。

　写真はチュイルリー公園の一角。後ろの木々を背景に、白い雪の中にたたずむメリーゴーラウンドは、まるでおとぎの世界の風景のよう。ちょっぴりノスタルジックな気分になった雪の朝でした。

Maki KINAKA / Photo by Yusuke KINAKA

day 309

ガレット・デ・ロワ

　フランスでは1月のエピファニー（公現祭）の日に、Galette des rois を食べる文化があります。フェーヴと呼ばれる陶器の人形が入っているこのお菓子は日本でもおなじみになってきましたが、こちらでは1月中はどのパン屋さんやパティスリーでも様々な種類の美しいガレットで溢れかえります。パイ生地とフランジパーヌ（カスタードクリームにアーモンドクリームを加えたもの）の伝統的なガレットが主流ですが、最近は、独創的なものも増えてきました。私の大好きな Bontemps Pâtisserie は、サクサクのサブレ生地の、その名も Tarte des rois（王様のタルト）。王冠もフェーヴも個性的で可愛いのです。フェーヴが当たった人は、「王様」になり、用意してあった王冠を被り祝福されますが、ガレットを切り分ける際、一番小さい子供がテーブルの下に隠れ、見えない状態で誰がどのガレットにするかを決める習慣があります。王冠を欲しがる子供には、優しいお母さんが、フェーヴが入っている部分をこっそり子供のお皿にのせてあげるという微笑ましい光景も。

Yui TANIGUCHI

day 310

モミの木のリサイクル

　フランスでは、クリスマスツリーに天然のモミの木を使う習慣があります。

　家庭ではもちろん、街角や店頭のディスプレイなどのほとんどが本物のモミの木です。12月上旬からクリスマスを過ぎるまで飾られ、後片付けはかなりスローペースで、年が明けて1月の新学期が始まった頃から、ぼちぼち始まります。公園など街の各地にモミの木の回収場所が設置され、集められた木々は粉砕されて、公園や庭園などに撒かれ、土の循環を手伝うコンポストとして生かされます。

　また、歩道などへゴミとして捨てた場合は、罰金が科せられます。たくさんのCO$_2$を吸収しながら環境に良い農法で育てられたモミの木は、人々を楽しませる役目を果たした後、第2の生命として堆肥となって再利用され、大地の栄養となり、また次の木々を育てる土に還っていきます。

Yui TANIGUCHI

day 311

ブリオッシュ・デ・ロワ＝クーロンヌ

　フランスでエピファニー(公現祭)のお菓子といえば、皆さんご存じの Galette des rois。最近ではクリスマスが終わった年末あたりからパン屋さんの店先に並び始め、1月の終わり頃まで長く販売しているパティスリーも多く、本当にみんな何個食べているんだろう?と思うほどです。

　ガレット・デ・ロワといえば、一般的にはパイ生地にフランジパーヌとフェーヴ(小さな陶器の人形)を詰めて焼いたパイ菓子のことを指しますが、場所が変わって南フランスでは、ブリオッシュ生地で作られた Brioche des rois が主流。

　このお菓子、時に Couronne とも呼ばれ、オレンジの花の水を使ったブリオッシュ生地にいろいろなフルーツの砂糖漬け Fruits confits が飾られています。カラフルな色のフルーツが飾られた華やかな南仏のエピファニーのお菓子、地方によってこんなに違うんですね。

Maki KINAKA / Photo by Yusuke KINAKA

day 312

モンマルトルの坂道

　ここは、18区ラヴィニャン通り。登りきった角には粉物焼き菓子がとっても美味しいパティスリー Gilles Marchal、後ろには小さなプラス（広場のことをそういいます）があります。木陰とベンチがあるので、坂道の途中には、休憩する人がいつも座っているのを見かけます。

　そう、モンマルトル地区は、平らな道より坂道のほうが断然多いため、寒い冬には凍った道でツルッと滑っている人を見かけたり、暑い日は緩やかな坂道が結構ツラかったり……。それでも、坂道を登ってふと後ろを振り返ると、パリをちょっぴり見下ろせて、素敵な風景に出会えます。

　18区のこの辺りは小さな路地やアトリエも多く、時々映画の撮影地になるなど、昔ながらのパリらしいパリの雰囲気が今も残るエリア。未だに住人たちが「モンマルトル村」と愛情込めて呼んでいたりもして、住めば住むほど好き！になる界隈なのです。

Maki KINAKA / Photo by Yusuke KINAKA

day 313

ストリート・グラフィティ

　パリの街を歩いていると頻繁に Graffiti（落書き）に遭遇します。グラフィティ画家ジェローム・メスナジェの白い人間シリーズや、トマ・ヴュイユの描くミステリアスな黄色い猫 M.CHAT など有名な作品はいろいろありますが、私には忘れられないお気に入りの作品があります。

　それは、ハットをかぶった黒い男性の落書き、Nemo シリーズのひとつで、場所は 5 区 rue du Chat-qui-Pêche にありました。この通りの名前である「釣りをする猫の通り」そのままの絵、魚を釣ろうと糸を垂らしている猫にネモが赤い傘をさしかけている、というほのぼのとするモチーフです。

　通りの名前を素敵に表現していて、時々見に行ったりするほど好きだったんですが、ある日好きな作品が塗りつぶされて違う絵に変わっていました……。いつか消されてしまうかもしれない落書きにも、心に残る素敵なものがたくさんあります。

Maki KINAKA / Photo by Yusuke KINAKA

day 314

マックス・ポワラーヌのりんごのタルト

　15区ジョルジュ・ブラッサンス公園の脇に一軒の美味しいパン屋さんがあります。名前は Max Poilâne。どこかで聞いたことがある名前だと思いませんか？そうです、ここは6区のブーランジュリー、ポワラーヌ創業者の息子さんのお店。屋根の上に立つロバが目印で、白壁が明るいキッチン風インテリアも、ブロカント好きの心をくすぐります。

　お店で会った常連のおじさまに「このお店ではりんごのタルトとサンドイッチを買わなきゃだめだよ！」と教えられ、ああ、ここでもりんごのタルトなんだ……。そうよね、フランスのりんごおいしいもんね、と心の中でつぶやきました。

　マックス・ポワラーヌでは夏になると自家製アイスクリームが登場するのですが、これが公園で遊ぶ子供達や大人にも大人気！　待つのが苦手なフランス人も、この時だけはアイスクリームのために並んで待つのでした。

Maki KINAKA / Photo by Yusuke KINAKA

day 315

140年前から自家焙煎の老舗カフェ

　創業1880年、ブランド店が並ぶサントノーレ通りにあるペール・グリーンの色をした店構えの Café Verlet。

　クラシカルな内装の店内に入ると、コーヒーのいい香りが漂います。

　今では普通になった自家焙煎を、140年も前から行なっている老舗中の老舗カフェです。特等席は2階の窓際。ゆっくりコーヒーを飲みながら道行く人を眺めていると、やはりサントノーレ!　おしゃれな人が多くてまったく退屈しません。

　私がこちらで注文するのは決まって Café viennois(ウィーン風カフェ)。コーヒー好きの人には邪道な選択かもしれますが、私は大好きなのです(Crème chantilly ホイップクリームが甘くなくて美味しいんです!)。

　焙煎した豆を購入して、自宅で楽しむこともできます。好みの風味や煎り具合や味、「〇〇なお菓子に合わせたいので」と伝えてコーヒー豆をおすすめしてもらうのも楽しいひとときです。

Maki KINAKA / Photo by Yusuke KINAKA

day 316

柑橘の風味が爽やかなガトー・ウィークエンド

　写真は、レモン果汁とレモンの皮を入れたバターケーキにレモン果汁のアイシングをかけてコーティングした、家族や友人と一緒に楽しむ週末のケーキです。

① レモン 1/2 個分の皮をすりおろしておく。

② ボウルに軽く溶きほぐした卵 1 個に粉糖 70 グラムとレモンの皮を入れ、しっかり混ぜ合わせる。

③ ふるった薄力粉 70 グラムを数回に分け入れ、その都度艶が出るまで丁寧に混ぜ合わせていく。

④ 溶かしバター 70 グラムとレモン汁大さじ 1/2 を加え、さらによく混ぜる。

⑤ 型に流し入れ、160 度で 30 〜 35 分焼き、網にとって冷ます。

⑥ ケーキがよく冷めたら、グラサージュ（粉糖 70 グラムにレモン汁 15 グラムを合わせたもの）を表面に塗り、220 度で 3 分ほど乾燥させる。

⑦ 粗熱がとれたらエディブルフラワーを飾る（刻んだピスタチオでもおいしい）。

Maki KINAKA / Photo by Yusuke KINAKA

day 317

アメリのクレーム・ブリュレ

　Crème brûlée は、プリンよりねっとりした焼きカスタードのお菓子。「焦がした クリーム」の意味通り、カスタードの表面にカソナード（サトウキビで作った砂糖） をかけてバーナーで焦がし、熱でパリンパリンになったカラメルをスプーンで割っ て頂きます。材料は牛乳、生クリーム、卵黄に砂糖にバニラビーンズといたってシン プル。そして、クレーム・ブリュレといえば、映画『アメリ』（原題：Le Fabuleux Destin d'Amelie Poulain〈アメリ・プーランの素晴らしき運命〉）。なんと 10 年 ぶりくらいに映画のロケ地として有名になったモンマルトルの「Café des 2 Moulins」で食べてみました。こんなに甘かったかしら？と思うぐらい甘いのです が、完食し、帰り際にカフェのマダムに日本から来たの？と聞かれ、間違いなく観 光客と思われていました（笑）。

　ちなみにアメリの映画は 2001 年公開、なんと今から 20 年前でした……。

Maki KINAKA / Photo by Yusuke KINAKA

day 318

BIO なお掃除

　Biocoop（ビオコープ）協同組合では生鮮食品から日用品まで、すべてを BIO（ビオ）商品で揃えることができますが、私は特に環境汚染に関係する洗剤系もオーガニックのものを使うようにしています。

　ペットが舐めても安心な床用洗剤や天然成分 99.6 パーセントのオーガニック住居用洗剤も揃う掃除用品コーナーは、楽しくて新商品チェックなどでついつい長居しがち。

　フランスでも掃除には重曹を使うのですが、それ以外でもお腹の痛い時に食用重曹を水に溶かして飲んだり、生活の中でナチュラルな成分のものを愛用している人が多いように思います。ところで、フランスでもプラスチックの容器問題は深刻で、ボトルを持参し、必要な分だけを補充する量り売りも標準になりつつあります。また、数年前からは紙袋や紙容器を使う商品が一般的になり、次々と改善されつつあると感じます。

Maki KINAKA / Photo by Yusuke KINAKA

day 319

プラントベースのミルクあれこれ

　ここ数年でベジタリアンフード、ヴィーガンフードは一気に増え、手軽に買える
ようになりました。農業国フランスは肉や乳製品、バターの消費がもともと多いの
ですが、それでもプラントベース（植物ベース）の食品を求める人はどんどん増える
一方です。

　これはエネルギー分野だけでなく、肉や牛乳・乳製品などの過剰消費もまた環
境負荷となることが認知されるようになり、食事でも「健康的でサステナブルな選
択を取り入れたい」というニーズが高まっているためです。

　ミルクについても、ポピュラーな豆乳以外でもアーモンドミルク、オーツミルク、
ライスミルク、ココナッツミルクなど、様々な植物性ミルクが売られています。大手
スーパーマーケットの Carrefour や MONOPRIX でも、BIO のプライベート・ブ
ランド商品を用意しています。

Maki KINAKA / Photo by Yusuke KINAKA

day 320

BIO ショップのシリアル量り売り

　フランスでチェーン展開している BIO スーパー、NATURALIA、Biocoop や日本にもお店がある Bio c' Bon、これらのお店ではドライフルーツ、豆類、シリアルにパスタなど、いわゆる乾燥していて日持ちする食品は量り売りで購入することができます。

　我が家は 2 人家族ですが、レンズ豆やキヌアなど一度に使い切ることが難しい食品も、以前は袋入りで購入していました。一度開封した後、その後使わず劣化したりでもったいない！　量り売りなら、初めて買ってみるものでも少量を気軽に試せます。紙袋を容器下に置き、レバーを押して欲しいだけ入れたら、秤に乗せて金額シールを貼っておしまい！　近年フードロスが問題になっていますが、エコなシステムで地球にもお財布にも優しい。

　何事もアナログな割には、こういう取り組みは意外と素早く実行に移すフランスなのです。

Maki KINAKA / Photo by Yusuke KINAKA

day 321

ピレネー山脈

　フランスとスペインの国境、東西 430 キロメートルにわたって横たわるピレネー山脈。3000 メートル級の峰も多く、頂上まで登ることもでき、素晴らしい景色が見られます。

　冬はアルペンスキーや冬山登山、夏はロードバイクとクロスカントリーのメッカです。有名なのは、7 月のツール・ド・フランスと 9 月のブエルタ・ア・エスパーニャという、2 つの自転車ロードレース大会。山の傾斜はきついですが、選手達への励ましの文字が道に書かれています。山小屋で食べられるのは、もちろんおにぎりではなく、有名なブルーベリーのタルトとカフェです。

　また、ピレネーには温泉も多いですが、日本のような巨大浴場というよりは、療養するための保養施設。利用にあたっては医師からの診断書が必要だったりします。

Teruki ISHIBASHI

day 322

制限速度 30 キロメートルへ

　以前から、深刻化しているパリの騒音や大気汚染。それらを軽減すると共に、歩行者の安全対策などを目的とし、2021 年 8 月 30 日よりパリ市内の道路は一部の大通りを除き制限速度が時速 30 キロメートルとなりました。

　もともと、細い道の多いパリはスピードを出せず、日中の平均時速は時速 12 キロメートルというデータもありますが、夜間や大通りでも制限がかかることから、ドライバーからの不満も多いようです。

　パリのイダルゴ市長は、これから 2024 年のパリオリンピック・パラリンピックに向けて現状を打破すべく、路上駐車スペースの削減、駐車料金の値上げなど、交通量を減らす政策を次々と導入すると発表しています。

day 323

カルチエ・ラタン

　左岸に入り、サン・ミッシェルを過ぎたところにあるカルチエ・ラタン。カルチエ・ラタンは、ソルボンヌ大学を始め、昔からのインテリが集まるイメージがある街です。昔からの小さい映画館が4つ残っていて、ハリウッド映画のようなメジャーではない作品や、昔の映画を上演しています。

　パリではそのようなアンダーグラウンド的な作品を好むファンも多く、珍しい映画の上演では小さい映画館が満員になることもしばしば。

　日本の作品、黒澤明監督や今村昌平監督も人気が高く、この界隈では頻繁に上映されています。

　小さい通りには映画好きのたまり場になっているカフェもあります。カフェで老若男女問わず、映画談義を繰り広げているのを見ると、「昔のパリ」に思いを馳せます。なくなってほしくないパリの日常のひとつです。

Teruki ISHIBASHI

day 324

凱旋門が包まれる

　1961 年から構想されていた、クリストとジャンヌ=クロードの凱旋門「梱包」。60 年の時を経てようやく実行されました。

　凱旋門は 2 万 5000 平方メートルの青銀色のポリプロピレンの布で包まれ、3000 メートルの赤色のポリプロピレンのロープで梱包されています。

　なんと、この布は全部リサイクル可能となっているとのことで、こんなところでも環境への配慮が窺えます。巨大な凱旋門が覆われたことにより、なんとも奇妙な感覚に陥りますが、作品は 2 週間のみの展示で夢のように消えて、観客にはこの奇妙な感覚だけが残ります。

　残念ながら、クリスト自身は 2020 年に亡くなってしまいました。念願であった凱旋門の梱包を直接見ることは叶いませんでしたが、きっと天国から観客を見てニヤッとしていることでしょう。

Teruki ISHIBASHI

day 325

風邪を早く治したい時に飲むハーブティー

　自宅でできる手当てとして、風邪対策のハーブは備えておきたいもののひとつ。旅行者の方から、パリに着いたら風邪を引いてしまったという相談がありました。

　長距離移動の後ですし、季節によっては気温差も大きいですから体調を崩してしまうことは珍しくありません。

　「これから仕事なのに……」「せっかくこれから回ろうと思ったのに……」。そんな時は、Thym（タイム）のティザンヌを飲んでみてください。

　寒気がするなら、Cannelle（シナモン）や、Clous de girofle（クローブ）をブレンドすると抗感染作用もアップし体も温まります。

　ティザンヌと共にティースプーン1杯のハチミツを飲むのも効果的。フランスではいろいろな種類のハチミツが手に入ります。Miel de thym（タイム）、Miel d'eucalyptus（ユーカリ）などが特におすすめです。

Kaori UMEYA

MADEMOISELLE CHANEL 1923

day 326

ココ・シャネルの名言

1920年代から、世界のファッションに数々の革命を起こしたココ・シャネル。特にこれまで窮屈だった女性のスタイルに自由を与え、ジャージー素材を取り入れた「ラ・ギャルソンヌ・ルック」や、「リトルブラックドレス」、ツイードのジャケットなど、数々のファッションのブームを作り出し、さらに、「シャネルNo.5」を発表し「香水をつけない女に未来はない」という名言を残しました。

その他にも、ココ・シャネルには波乱万丈な人生を切り開いてきた彼女らしいたくさんの名言があります。

たとえば、「流行は色褪せるけどスタイルは永遠」や、「かけがえのない人間になるためには、常に他人と違っていなければならない」など、現代でもハッとさせられる強く鋭い言葉を多く残しています。

数多く出版されている書籍で彼女の言葉を読み解くと、フランス女性の哲学をもっとよく知ることができるかもしれません。

Mami OKAMOTO

day 327

マダガスカルのバオバブの木

　バカンスに命をかけているフランス人！　今まで行ったことのある国のことを語り始めたら何時間あっても足りないくらい、フランス人は旅行が大好きです。

　中でも、自然が大好きなフランス人が多く訪れている国、マダガスカル。昔はフランスの植民地で今でもフランス語を話す人口も多い国です。

　アフリカ・インド洋に位置し、人口 2690 万人、公用語がフランス語とマダガスカル語。1896 年からフランス植民地となり、1960 年に独立しました。国土が日本の 1.8 倍あるフランスは、パリから車で郊外に出ればすぐに畑を見ることができますが、マダガスカルも日本の 1.5 倍の国土で、そこには見たこともないような大自然が広がっています。

　貴重な動植物にも驚かされますが、何といってもバオバブの木には圧倒＆感動。首都アンタナナリボから飛行機で 1 時間ほどのモロンダバにはバオバブ街道があり、バオバブの木に沈む夕陽の光景の美しさは忘れることができません。

Morimitsu MIYAMOTO

day 328

パリの動物病院

　フランス国内には獣医学部がある大学は4校しかありません。獣医大学は5年制。3年次から病院の診療に関わり、Interne en médecine（研修医学生）たちは、Résident の管理のもと、注射を打ったり、入院の世話をしたり。さらには、ペットの飼い主と話すことも大事な教育の一環だそう。

　フランスでは、Vétérinaire（動物病院）を開業するのは一筋縄ではいかないのが現実。動物といえども各専門分野の先生がいて、症状によっては、全く別の病院でレントゲン、手術をすることも。友人の愛犬は目に細菌が入り、犬の眼科に行ったと聞いて驚かされました。

　フランスでは、食品も各区域で値段が異なり、診察代、手術、薬の値段が違うことがあります。また、猫好き、犬好き、爬虫類好きな獣医がいるところもフランス人っぽい。自分の愛するペットにしっかり寄り添って的確に診察してくれる獣医を探すことには一苦労です。

Morimitsu MIYAMOTO

day 329

フランスの老人ホーム事情

　先進国の中では出生率の高いフランスですが、高齢化の問題があるのは、他の国と同じです。

　フランスでは、子供が 18 歳になると学生であっても両親と離れて暮らすのが一般的で、両親が老いた時に、子供と一緒に住むという選択は少ないようです。

　日本では介護保険制度が整っていますが、フランスはかなり遅れています。そのため、EHPAD といわれる医療老人ホームは、ほとんどが自己負担となっており、人にもよるそうですがパリ周辺でも月 3000 ユーロほどかかります。

　この写真は、私がフランスに住み始めた時からとても良くしてくれていた、ロネおばあさんです。EHPAD に入ってからも、ロネおばあさんのご家族に了解を得て、月に 1 度はお見舞いに行っていました。2020 年にお亡くなりになりましたが、いつも歌を歌ってくれ、笑顔で迎えてくれたのを思い出します。

Teruki ISHIBASHI

day 330

パリでの春節

　パリには中華街が 3 か所あり、中華街のコミュニティーはヨーロッパの中でも最大級の規模となっています。中国人の在仏者は約 30 万人（在仏日本人約 3 万人）といわれ、今では 2 世、3 世となり、中国語よりフランス語で会話する中国人同士も増えてきています。

　3 区にある中華街は小規模ですが、一番初めにできた中華街で 1900 年からあるそうです。ここ数年、パリ市からの応援もあり、春節（中国における旧暦の正月）が近づいてくると、街には中国の灯籠が吊り下げられ、フランス人も興味深そうに見ています。

　フランスでは爆竹や花火はパリ祭と新年以外は禁止ですが、旧正月の日（春節の第 1 日目）は特別に許され、福を寄せる龍や歴史上の人物に仮装した人達が練り歩きます。当日は多くの家族連れが異文化のお祭りを楽しんでいます。

Teruki ISHIBASHI

day 331

新しいパリのエリア

　5、6 年前ぐらいから、30 代のパリジャン・パリジェンヌが、パリのちょっと郊外に家を購入しています。パリの高級住宅街といわれる 7 区で生まれた友人も、Romainville（ロマンヴィル）に家を買ったというので行ってきました。昔は少し怖い場所でしたが、なぜこの場所に買ったのか聞くと「マルシェと地下鉄があれば OK だから」と言います。そして、出してくれた地元のビールが見たことのないラベルで美味しい。

　近くにこのクラフトビールの醸造所があり、販売をしているとのことで、作りたてを買いに行きました。

　ラベルの MIR は、Made In Romainville の頭文字。どこでも買えるビールよりも値段はお高めですが、どんな材料でどんな人が作っているかが明白なので安心です。そして、地元の生産物なので応援したい、ということでした。

　本当にいいもの、クオリティー・オブ・ライフを求め、考えて行動をしている人たちの、意識の高い新しい街の息吹を感じました。

Yolliko SAITO

day 332

TGV40 周年

　運転開始より40年を迎えた Train à Grande Vitesse（高速鉄道）。通称 TGV は、1981年に最高速度260キロメートル/時でパリ‐リヨン間で運転を開始しました。パリとリヨンの2つの主要都市を2時間で結ぶことから、飛行機よりも速く到着できるという謳い文句で、開業当初から安定した人気があります。

　2024年には、速さだけでなく、より環境に優しく、より経済的なものにした新 TGV がお目見えするとのことです。

　その傍ら、2020年には、39年間多くの乗客を乗せた TGV 第1世代車両が引退しました。有終の美を見ようと多くのファンがパリ・リヨン駅へと駆けつけ、ラストランを見守りました。

　皆に愛されている TGV、これからも多くの夢を運んでくれるでしょう。

Teruki ISHIBASHI

day 333

クリーズ・デ・キャランタン

「40歳の危機（Crise des 40 ans）じゃない？」とは、離婚や仕事を辞めたなど という話題の時に出る言葉です。40歳の時期は、過ぎ去った時間から残された 時間へと焦点が移るため「自分はこのままでいいのか？」と不安定になる人が多い ようです。中年期は人生の節目といわれています。丘を登ると、反対側の景色が気 になります。詩人で小説家のヴィクトール・ユーゴーは「40歳は青春の老い、50 歳は老いの青春」と表現しました。

　今までの生活に区切りをつけて青春時代のようにもう一度華やかな人生を送 れるのでは？という期待もあり、「自分が幸せであること」を第一優先として選択 する人が多いように思います。40歳前後になると、仕事もやりがいというよりも義 務と責任が増え、自分の好きなことを優先できなくなります。家族がいる幸せより もひとりで自由に過ごせる幸せを優先したい──人生に満足感を取り戻して中年 期を終えることが課題となるのではではないでしょうか？

Masaé TAKANAKA

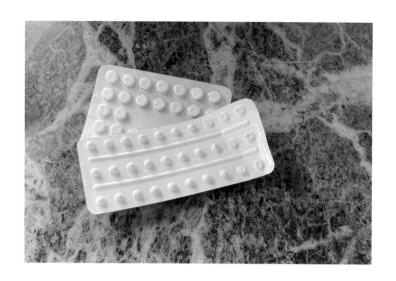

day 334

フランスのピル事情

　パートナーとステディな関係になったらピルを飲むというのがフランスのカップルの避妊方法です。2021 年 9 月、オリビエ・ベラン保健相が、これまで未成年者に限られていた避妊具の無料提供を 25 歳までの女性に拡大すると発表しました。「大切なのは、女性が選択できること」と言います。

　この決定を正当化したのは「多くの若い女性の間で避妊率が低下している」から。女子学生の 52 パーセントが資金不足を理由に 1 年間に一度も婦人科検診を受けておらず、12 パーセントが同じ理由で 20 歳から 23 歳の間に婦人科検診を受けていなかったというデータがあるようです。

　産婦人科医のコンタン医師は「1 か月に 10 ユーロ以上薬代がかかり、患者にはその余裕がありませんでした。私達は多くの人々にとって 10 ユーロが何を意味するのかを過小評価しています」と語ります。ピルを飲むことが自分を守ることにもなるのです。

Masaé TAKANAKA

day 335

いつも一緒のドゥドゥという存在

　フランスの子供達は、赤ちゃんの時から片時も離さない縫いぐるみ dodo を持
っています。一番のお友達のようなお守りのような存在です。

　フランスは共働き家庭が多いので、小さな時から保育園に預けられ、赤ちゃん
の時から自分のベッドで寝るなどの習慣もあり、ドゥドゥの存在は大きくなっていま
す。ドゥドゥは保育園に持参するのも公認されているのです。

　自分で好きなドゥドゥを選ぶ、初めて赤ちゃんが自分で自分のものを選ぶ体験
になるのではないでしょうか?

　息子もパンダのパンちゃんをずっと持っています。縫い目が裂けた時に泣きなが
ら「パンちゃんは僕のすべてを知っている。悲しかったことも楽しかったことも」と
言うので、急いで直したことがあります。ドゥドゥは永遠の大切な宝物。大人になっ
てもとっておく大切なものなのです。

Masaé TAKANAKA

day 336

寝る時はパンツを穿かない！？

　日仏カップルで「あれ？」と思う些細なことに、寝る時にパジャマの下にパンツを穿かない問題があります。朝シャワーを浴びるので、新しいパンツはシャワーを浴びて綺麗になってからとか、寝る時は締め付けられたくないとか理由は様々です。

　我が家も息子を着替えさせている時に「あれ？　なんでパジャマの下にパンツを穿かせてるの？」と言われてびっくり。「パンツは穿くものでしょ？」「いや穿かないよ。習慣にしたらお泊まり会に呼ばれた時に絶対びっくりされるから」と言うのです。

　他の日仏カップルに聞いてみました。中にはしっかりパンツを穿いている人もいれば、パンツだけで寝る、寝る時は真っ裸といろいろタイプはあるものの、パンツを穿かないという人が多いようです。

　パジャマは下着のカテゴリーに入るそう。だからパンツは穿かないという説もあるのだそうです。

Masaé TAKANAKA

day 337

カフェ・オ・レにタルティーヌを浸して食べる訳

　日本人の考えるフランス人の朝食は、クロワッサンにカフェ・オ・レ？　現実は Non!　クロワッサンは週末の朝だけ、特別に！という人が多いです。

　フランスの定番の朝食は前の晩に食べた残り物のバゲットをトーストし、バターとジャムを塗ってタルティーヌにして、カフェ・オ・レに浸す食べ方です。

　食事のマナーにうるさいフランス人ですが、これだけは別。子供の頃からカフェ・オ・レやココアに浸して食べています。理由は「パンにバターとジャム、そこにカフェ・オ・レが染みてハーモニーを奏でるから」と言います。確かにやってみると美味しい！　硬いバゲットが適度に柔らかくなり食べやすくもなります。

　あくまでも家庭での食べ方といわれていますが、街中のカフェで浸して食べている人も見かけます。間口が広くてたっぷり入るカフェ・オ・レ・ボウルは、タルティーヌを浸すのに最高のボウルです。

Masaé TAKANAKA

day 338

誰のせいと誰のおかげ

　フランスでスタイリストのアシスタントをしていた時、よく聞いたのが「À cause de qui?（誰のせい?）」。ここで日本式に黙っていると、自分のせいになります。

　最初はひるんだものの、すぐに「誰々のせい！」と言えるように。言われたほうも日本のように根に持ったりしません。「あれ?　私だっけ?　いや違うと思うけど」ってチャッカリしてます。

　でも同じように「Grâce à moi!（私のおかげ！）」とか「Grâce à ○○ !（誰々のおかげよ！）」という言葉も聞きます。自己申告のように「私のおかげよね」というふうに。日本社会でもこれだけはっきりと「誰々のせい」と本人の前で言えたならすっきりしますよね。

　先手をうって、「C'est pas moi!（私じゃない）」「C'est pas ma faute!（私のせいじゃない）」と言いましょう。これであなたもフランスで生きていけます。

Masaé TAKANAKA

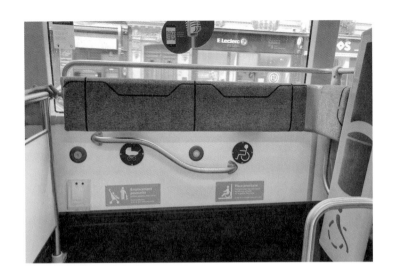

day 339

妊婦に優しいフランス

　フランスは妊婦や子育てしているお母さんに優しい国です。

　私も妊婦の時はメトロで立っていると現地のおばさんが「妊婦だから代わって
やって！」と指示を出し席を代わってもらいました。降りる時にはベビーカーを強面
の若者が囲み、「降ろしますね」と手伝ってくれました。

　日本に帰国した際、ベビーカーはまるで邪魔者のように見られました。日本で子
育てするのは大変だなと本気で思ったのを覚えています。

　INSEE（フランス国立統計経済研究所）の発表によると、2010 年の出生数は
戦後のベビーブーム以来の最高値を記録したフランス。その後もブームが続きまし
たが、2021 年 1 月の出生数が前年比 13 パーセント減少し、この 45 年間で最
大の減少幅を記録したそうです。コロナ禍との関係性が指摘されています。

　フランス人女性はなぜ子供を産むのか？　支援制度も含めて社会全体が妊婦
や子育てのお母さんに優しい国だからだと思うのです。

Masaé TAKANAKA

day 340

フランスの不妊治療

　フランスでも 40 代の出産率が上がっています。そして不妊で悩むカップルはもちろんいます。

　フランスの不妊治療は女性は 42 歳以下という条件はありますが、人工授精（6回まで）、体外受精（4 回まで）など不妊治療にかかる費用のほぼすべてが社会保険でカバーされています。治療代に不安はありません。

　私は何度もうまくいかない治療で悩んでいる友人には、「社会保険に断られるまでやる！　自分から諦めちゃダメ」とアドバイスしています。

　今年 6 月に改正法案が可決して、43 歳以下の女性すべてが様々な不妊治療を受けられるようになり、ドナーの精子を使って妊娠した子供は成人した際にドナーの身元を知ることができるようになりました。レズビアンや独身女性も不妊治療の対象に決まり、同性婚がフランスで認められ、時間は経ちましたがやっと子供を産む権利も認められました。

Masaé TAKANAKA

day 341

お風呂は毎日入らない

　フランス人の4人に1人は毎日顔と体を洗いません。若い女性は毎日洗う人が多いけれど、一方で、男性の4人に1人は週に2回しか体を洗わないという統計があります。最初は「えー！　不潔じゃない!?」と思いましたが、それにはちゃんと理由があるようです。

　まず、日本と違って乾燥していること。また、水が硬水なので、むしろ毎日洗うと髪が傷むからと、2～3日に一度という人が一番多いのだそうです。フランスでは日本のようにお湯が豊富に使えないという物理的な理由も関係しています。

　綺麗好きの日本人とは衛生観念への温度差がありますが、暮らしてみると確かに毎日入る必要はないのかもと感じます。

　むしろ石鹸で洗いすぎると乾燥するし、夏でも湿気が少なくベタベタ汗をかくこともないこちらの気候を考えると、案外理に適っているのかもしれません。

Mami OKAMOTO

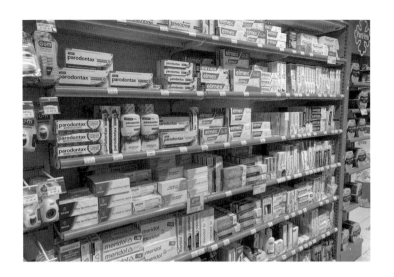

day 342

フランス人は歯が命?

　お風呂には毎日入らないフランス人ですが、相反するようにデンタルケアは丁寧です。幼い頃から定期的に歯のクリーニングに通ったり、歯磨き粉に気を使ったり、白い歯へのこだわりを感じます。

　フランスのオーラルケア製品は、歯磨き粉ひとつとってもかなり種類が豊富。スーパーですら、たくさんの製品がラインナップされているので売り場でいつも迷ってしまうほど。

　また、フランスでは歯並びの美しさも大切といわれています。16歳以下はほぼ無料、大人でも日本よりかなりお安く歯列矯正ができることもあり、パリで歯並びを治す在仏日本人もいます。

　ちなみに、すきっ歯は、幸福の歯を意味する「Les dents de bonheur」と呼ばれていて、歯並びへの意識の高いフランス人も、すきっ歯の場合は矯正せず、そのままキープするのが普通なのだそう。

Mami OKAMOTO

day 343

かなり劣悪！　パリの宅配事情

「荷物が指定した時間に確実に届く」というのは日本では当たり前のことですが、フランスでは奇跡に近いことです。「荷物が届けば御の字」と謙虚かつ低姿勢に構えていないと、フランスでは生きていけません。

　指定した時間どおりに来ないのはもちろん、不在票もなく荷物が送り返されるのは日常茶飯事。追跡番号があったとしても当てになりません。想像の斜め上をいくトラブルもよくあることです。

　大切な荷物が届く予定がある時は、基本的に一日中、家で待機します。それでも受け取れる確率は50パーセント、運次第です。私は日常生活で怒ることはほとんどありませんが、宅配業者に対してだけは、臨戦態勢を整えないといけません。

　ちなみに、Amazonは比較的正確に届きます。やればできるんだから、その他の業者もちゃんとしてほしいと心から願います……。

Mami OKAMOTO

<u>day 344</u>

パトリック・ブジューさんのワイン畑

　自然派ワインの生産者、パトリック・ブジューさんのぶどう畑を訪ねるためオーヴェルニュ地方へ行きました。彼はもともとコンピューター技師でしたが、自然派ワインに魅せられ農家に転身した人です。

　点在する彼の畑をひと通り見せてもらい、自宅でワインをふるまわれ、一夜を過ごしました。彼のワインカーヴは自然のままという感じなのですが、それに呼応するように彼自身もおおらかで優しく、細かいことは気にしないというタイプ。それがワインの味にも如実に表れているのが印象的でした。

　これまでいくつかの生産者の畑を訪ね、直接話すことで気づいたことがあります。それは作り手の人柄と味はシンクロすることが多いということ。「このワインは、この人が作っているのか」と納得することも多く、ショップやレストランでワインを選ぶ時も、今までとは視点が変わるし、ずいぶんと奥行きが出るように思います。

Mami OKAMOTO

day 345

ベルヴィル通りからビュット・ショーモン公園へ

　ベルヴィルの多国籍なエリアを抜けると、昔ながらの静かなカルチエが現れます。中心部からは少し離れていますが、このエリアが最近面白くなってきています。それは、北マレあたりに住んでいたおしゃれな若者達が結婚し、子供ができ、このあたりに引っ越してきているから。

　ベルヴィル通りからビュット・ショーモン公園をつなぐ rue de la villette がこのエリアで一番活気のある通り。カフェやブティック、雑貨店など、地域密着型でありながら個性的なお店が並びます。

　アジアンタパスと自然派ワインの人気レストラン Cheval d'Or もこの通り沿いにあります。この通りのブティックで働くマダム達は大変元気で、日本でいうと商店街の陽気なおばちゃん達という感じ。「通りは自分たちの庭」とばかりに、通り沿いでアペロしたり、時にはパーティーをしたり、親切でフレンドリーです。

　安全にローカルなパリを体験したいなら、ぜひ。

Mami OKAMOTO

day 346

フレンチシックは足元から

　ここ数年、酷暑が続くフランス。夏は、最近では、ビルケンシュトックやクロックスなどのサンダルを履いている人を多く見かけます。

　実は一昔前までは、足元は「夏でも革靴」が当たり前だったのだそう。女性はハイヒール、男性は紐付きの革靴です。

　真夏だったら、素足にエスパドリーユやモカシンなども許されますが、かかとを覆うものが必須だったのです。

　スニーカーは、今でこそ若い人達は派手なデザインのものを普通に履いていますが、「カジュアルすぎる」イメージも根強く、フランスメーカーのスニーカーは、細身のシルエットでシックなカラーリングのものが主流。年配の方は特にそういったものを好む傾向があります。

　フランスでは、ビ　チリンタルなどは履かないほうが無難かもしれません。フレンチシックは足元から、ですね。

Mami OKAMOTO

day 347

ベランダでガーデニング

　フランスでも昨今「おうち時間」が増え、それに伴ってベランダでのガーデニングが流行しています。特に春は、街のあちこちでガーデニング用品が売られ、スーパーや青果店の店先でもハーブや野菜の苗を手に入れることができます。BIO のコンポスト用の苗床を量り売りで買えるのもフランスらしいところです。

　バジルやパセリ、ローズマリーなど食べられるハーブは手入れが簡単だし、トマトやイチゴなども夏は日が長いからか、驚くほどよく成長します。

　特に、育ててみて良かったのはラベンダーです。やはりこちらの気候に合っているのか、大した世話をしなくても毎日のように花を咲かせるので、週に 2 ～ 3 回摘んでは部屋に吊るして、ポプリにしました。

　バカンス中に水やりができずに、少し元気がなくなってしまいましたが、来年もまた花を咲かせてくれることを願っています。

Mami OKAMOTO

day 348

フランス人の時間感覚

　フランス人と日本人の時間に対する感覚は、まったく違います。フランス人は時間にルーズというイメージがあると思いますが、仕事では時間に正確です。始まる時間もですが、終わる時間も正確！　スーパーなども時間ピッタリに閉店します。

　一方、プライベートは違います。

　待ち合わせも「15分くらいなら遅刻してもOK」という感覚ですし、相手が遅れても特に怒ったり怒られたりしません。スーパーのレジで、行列のできている時に店員と客のおしゃべりが始まっても急かしたりしません。

　レストランでも、店員に「すみません」とか「お願いします」などとは言わず、基本的に向こうから来てくれるのを待ちます。

　プライベートでは焦らずゆっくり、豊かな時間を楽しむのが国民性。この国では猫ですら、そんな豊かな時間を過ごしているように見えてくるのが不思議です。

Mami OKAMOTO

day 349

悩ましいフランス語の発音

　フランス語の発音は難しい。母音を例にとっても日本語はアイウエオの5つだけ、フランス語は13音、日本語の約3倍！　子音に至っては、Rは舌を軽く巻いたり、Hは突然発音したりしなくなったりと日本語にはない荒技を求められます。その難しさといったら英語の比じゃない感じ！

　特に難しいのが、鼻母音というフランス語ならではの発音。クロワッサン〜、パ〜ンオーショコラ、ヴァ〜ン（ワイン）と皆さんの大好物にもれなく付いてきます。鼻母音、正しく発音できているかチェックするポイントとしては、アン〜オン〜と発音した際きちんと鼻から息が抜けているかどうか。鼻をつまんで指に響く感じが伝わればオーケー。なんだか悩ましげな響きですが、これが発音できれば本格的フランス語っぽく聞こえるので、あら不思議。ぜひ訓練あれ。

　それから日本人がよく間違える発音が、ミスターという意味の Monsieur。カタカナ発音しちゃうとハエという意味になるので、要注意です！

Hiro MORITA

day 350

猫と一緒にロンロンテラピー

　猫が喉を鳴らす際に出すゴロゴロ音は、人間をリラックスさせ、健康に良いという研究結果があるそうです。

　フランス語で猫のゴロゴロを「ロンロン」と言いますが、そのゴロゴロ音を利用したセラピー、「ロンロンテラピー」なるものが存在します。「副作用もなく、薬もいらないテラピーです」と語るのは獣医師のジャン・イヴ・ゴーシェさん。

　猫のゴロゴロ音は 20 〜 25 ヘルツの周波数。それが人間の副交感神経を優位に働かせる効果があり、その低周波によって、脳内のセロトニンの分泌が活性化し、よりリラックスして、夜もぐっすり眠れるとのこと。そういえば猫を撫で撫でしながら何度寝落ちしたことか……。

　猫がゴロゴロ音を出すのはコミュニケーションの一種らしく、母猫が子猫をなだめるため、子猫は母親に満足感を伝えるためにゴロゴロするとか。猫といるとなんだか小さい頃に戻ったような安心感を得られるのも理由があるみたいです。

Hiro MORITA

day 351

バラのブーケに込められた想い

お友達宅にディナーに誘われた時の手土産に、誰かの誕生日に、そして恋人に贈るために。そういえば花屋でよく男性客が花を買うのを見かけます。

特別な記念日とかではなくても何気なくパートナーに花を贈る、これはフランスではよくあることです。

なんとフランスでは花の購買の 52 パーセントは恋人のためという数字が！一番贈られているのがバラで、8 割の人がバラに良い印象を持っていて、3 人に 1人が一番好きな花としてバラをあげています。

ある花屋さんの話で興味深かったのが、男性がバラを買う時に開花したものと蕾のどちら買うのか、それによって贈り先がすぐわかるとのこと。開いた花を買う＝つまり今一番美しい状態を選ぶのは恋人のため、蕾のもの＝これからまだまだ長く楽しめるのを選ぶのは家で楽しんだり、母親に買う時とかだとか。恋には満開のバラが似合います。

Hiro MORITA

<u>day 352</u>

花というモード

　洋服に流行があるように、花にもトレンドがあります。

　今から 20 年前、クリスチャン・トルチュが広めたのが champêtre と呼ばれる、野草を取り混ぜた田園スタイル。まるでパリジェンヌのヘアスタイルのようにどこか無造作で野性味が溢れるブーケが人気でした。それまではより構築的で、バラの数も配置も均等で同じような表情の葉がきっちり入り込んでいるといったものが主流。

　今新たな流れとして出ているのが、バロック風。ネーデルランドの古典絵画のようなクラシックでありながらそれでいてどこかバラバラの印象があるような。17 世紀に席巻したスタイル、「歪んだ真珠」という意味の baroque という言葉がピッタリ合います。

　もうひとつ急浮上しているのがドライフラワー。プリザーブドの技術が進化したというのもありますが、水を替えなくても長持ちするというのも人気の理由です。

Hiro MORITA

day 353

セーヌ川の氾濫

　ここ数年は気候変動のせいか、セーヌ川が溢れて洪水に。

　セーヌ川の遊覧船クルーズはパリ観光の定番ですが、増水、洪水が頻繁に起きてその都度河川敷に水が溢れ、橋の下を通過できずに、観光業界にも大きな打撃に。数年前には Musée du Louvre（ルーブル美術館）までが浸水しそうで、洪水に備えて施設の一部を閉鎖し、収蔵品を高所に避難させる措置も。Musée d'Orsay（オルセー美術館）や Musée de l'Orangerie（オランジュリー美術館）も水位上昇を受けて収蔵品の移動が必要になった場合に備えて閉館を決めたりなどもしました。この災害も含め、フランスは温暖化に対して幅広い分野で二酸化炭素を出さないように取り組みを開始。ビニール袋の有料化や土に溶ける素材の物を多く取り入れたり、自動車の規制を厳しくして Vélib'（レンタル自転車）をさらに増やし、カーシェアリング・サービス、Lime（レンタル電動キックボード）などに力を入れています。大切な美術品や街の市民を必死で守るパリ市長です。

Morimitsu MIYAMOTO

day 354

フランスのデモ、マニフェスタシオン

　フランスではよくデモ活動 Manifestation（マニフェスタシオン）が行なわれます。労働環境の改善を求めて、政治政策に対して自分達の主張をよりダイレクトに伝えるべく、人々は日々プラカードを片手に街に出ます。最近ではワクチン・パスポートに反対するデモが毎週行なわれており、多い時には24万もの人が集まっていました。

　何度かほかのデモに参加したことがありますが、皆で団結して声をあげると、自分も直接政治に参加しているという実感が湧き、感動すら覚えます。政治は自分達が参加してこそ、と民主主義の基本を体感しました。

　ただ日常生活に支障がないわけでもなく、メトロが止まったり、通行止めになったりします。

　特に経済格差に意義を申す「黄色いベスト運動」以降、一部が暴徒化し、治安部隊から催涙ガスが撒かれたことも。週末に出かける時はどこで何時からデモがあるのか、パリ市のサイトでチェックするのが習慣となりました。

Hiro MORITA / Photo by Yolliko SAITO

day 355

右岸と左岸

　セーヌ川を挟んで北側を右岸、南側を左岸と呼びますが、人々も右岸派、左岸派に分かれ、生活様式や政治志向などが変わってきます。

　ソルボンヌ大学がある左岸はどこかインテリなムードが漂います。昔からの貴族が住む7区、サン・ジェルマン教会がある6区はハイソなムード溢れるものの、政治的にはリベラルな傾向。溜まり場はカフェ・フロール。

　右岸はというと東と西では水と油ほどの差が！　大統領府がある8区、高級住宅地16区はまさにコンサバで、男性は青の無地のネクタイ、女性はエルメスのスカーフといった具合です。

　一方、マレがある3、4区、移民が多く住む19、20区、そして18区のモンマルトルは人種もミックスしていて、マルチ・カルチャーなムードです。今のパリを感じるスポットは東側の右岸に集中。政治的にももちろんバリバリのリベラル。エリアによって同じ街とは思えないほどの差があるのもパリの魅力です。

Hiro MORITA

day 356

ゲイカップルの結婚式

　2013年、白熱した議論の末、フランスでも同性間の結婚が法的に可能になりました！　同性間でも養子縁組が可能となり、家族の形態がますます多様化している今日です。

　そこで気になるのが、ゲイカップルの場合どんな結婚式をしているのかということ。カトリックがメジャーなフランスでは、未だ教会では同性間の結婚を教義上認めていないのが現状で、そもそも異性間でも無神論者が増えているフランスでは教会で結婚式をあげないカップルは多数います。

　では、どこで式らしき式をあげるのかといえば、ズバリ市区町村の役所！　婚姻届を出す、自分達が住んでいる自治体の役所で親族と友人が集い、市区町村長やその代理人の前で結婚の誓いをするのです。各役所には立派なホールが備え付けてあり、それはそれでドラマチックです。

Hiro MORITA

day 357

多様化する家族のあり方

　3人に2人の子供が婚外子であり、離婚率は3割という数字が表すように、シングルマザーのもとで育つ子供や、両親が離婚していて、月の半分ずつそれぞれの親元で暮らすという子供が増えています。パパとママがいてその2人から生まれた子供がいる、という当たり前だと思われていた家族のあり方は様変わりしつつあるといえます。

　さらに変化しつつあるのが同性間のカップルの元で育つ子供達です。20万〜30万人の子供のいずれかの親がLGBTQだというデータもあります。

　同性間の結婚、養子縁組も法的に保証されたとはいえ、残された課題も。

　レズビアンカップルの場合、第三者の精子ドナーで子供を授かることができるのか、ゲイカップルの場合、自分の精子を提供して代理母出産を認めるのかなどなど。子供の権利と福祉を最優先に、議論は進められています。

Hiro MORITA

day 358

ゲイタウンでもあるマレ

　パリ4区、高級ブティックが並びアートギャラリーが点在し、おしゃれスポットとして紹介されるマレはゲイタウンとしての顔も持っています。

　沼地という意味のマレ地区は、その名の通りかつてはセーヌにつながる沼地であり、70年代から80年代にかけては忘れられた地区でした。そして、安い家賃を求めてアーティストや若者が住むようになり、ゲイバーもオープン。

　それまでのゲイバーは路地裏のひっそりしたところで隠れるようにありましたが、マレにできたバーはよりオープンに、自分達のアイデンティティを隠すことなく集える場所となりました。

　その後ブティックやギャラリーも開業し、今では地元民、観光客そしてLGBTQ達が混在するエリアになっています。ただ近年は、家賃の高騰とともにいくつかのバーがクローズしてしまいました。新境地を求めてパリの郊外にゲイタウンができるのか、今後に注目です。

Hiro MORITA

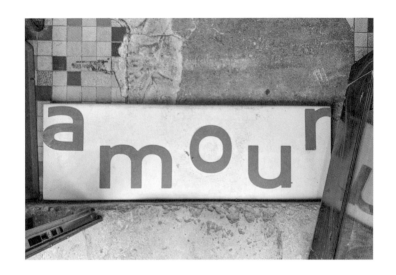

day 359

愛の言葉

　お金は出さなくても愛の言葉はふんだんにかけるフランス人男子。「君はいつも綺麗だ」「素敵なドレス、君のために作られたのかな？」なんて翻訳するとこちらが気恥ずかしくなるような言葉は日常茶飯事。ショートメッセージにも語尾に「モナムール（僕の愛）」はしょっちゅう付いてきます。それはそれで嫌ではないものですが、逆にいうとこちらもそれくらいの頻度と熱量を持って言葉をかけないといけない！　そんなこと言わなくてもわかるでしょ、言いたいけどちょっと恥ずかしい、そんな風に思ってしまうと、フランスで恋愛を成り立たせるのは難しいです。

　その一方でデリケートな言葉はズバリ「ジュテーム、君を愛してる」。こちらの雑誌やネットの恋愛相談コーナーでもこの言葉だけは使うなとアドバイスがあるくらい。言葉に出すのは簡単でも、実際に人を愛するのがいかに難しいかということなのか、古今東西変わらぬ愛の方程式が故なのでしょうか。

Hiro MORITA

day 360

フランス嫁姑物語

　フランス語で「姑のクッション」という言葉があります。サボテンの一種で、お母様にぜひ座っていただきたい代物という意地悪な意図を込めてそう言われます。フランスでも嫁姑問題は存在し、水面下で冷酷なバトルが繰り広げられることもあります。

　あるご家族に招待されて食事に行った時のお話。タバコの話題になり、タバコを辞めたら体重が増えた、なんて話を誰かがしたら義母が嫁に一言、「じゃああなたタバコを吸えばいいじゃない」と。今でも場が凍りついたのを覚えています。

　日本と比べて、母と息子の関係がより緊密で、旦那のところにしょっちゅう母親から電話がかかってくるなんて話もあります。

　「姑の前ではひたすら旦那を褒めること」こんなアドバイスを聞いたことがあります。思わず旦那のグチをこぼしたくなる時も姑の前ではぐっと堪える、これが嫁姑問題にうまく対処する処方箋とのことです。

Hiro MORITA

day 361

議論してこそなんぼ

　フランス人は議論が大好き。何人かで集まりお酒を飲むとすぐ政治の話になり、議論が白熱することも。「議論の芸術」という言葉があるくらいです。

　恋愛関係においても議論はしょっちゅうで、日仏カップルの場合、議論で分があるのはやはりフランス人です。語学の差はもちろん、自分の意見を論理立ててしっかり述べる、という教育を小学校から叩き込まれた相手に敵うはずもありません。

　議論のキモはどちらかが勝つのではなく、お互いの意見をきちんと出し合って相互理解を深めること。激昂した議論の末でも後腐れなくスッキリ付き合えるのも欧米人の良いところです。

　フランス人が議論の際よく使うのが慣用句で、「恐怖心は危機を乗り越えられない」は腑に落ちた一言でした。相手を傷つけるかもしれないからはっきり言わないという恐れは結局物事の根本解決にはつながらない、そんなことを学びました。

Hiro MORITA

day 362

笑いが深める人間関係

笑いは人と人の距離を縮める。このことは万国共通で、フランスでも笑いが交友関係の扉を開きます。なかなか本心を言わない日本人というイメージをフランスでは持たれがちですが、そんな日本人が冗談を言うと、「この人と価値を共有できるかも」という心理が働き、さらに交友が深まるということがあります。

文化背景によって面白いと思うツボはそれぞれ異なり、頑張って笑いをとったつもりが、場が凍りついたという苦い経験もしました。

ポリティカルコレクトネスが問われる今、面白いと思って言った発言が女性蔑視だったり、マイノリティを意図せず傷つけていたりと、笑いにも細心の注意が求められます。単純明快なギャグよりもより諧謔的であったり、ラ・フォンテーヌの寓話のごとく含意ある笑いを好むフランス人。エスプリが効いた笑いをとるにはまだまだ修業が必要なのね、と実感する日々であります。

Hiro MORITA

day 363

日仏カップルあるある

　フランス人の恋人やパートナーがいる日本人の友達と集まると、盛り上がるネタはズバリ相手のグチ！　文化や生活習慣の違いからくるフランス人とのトラブルは多く、いつも話題が尽きません。

　いつも決まって出る話題のひとつが、一緒に住む時に必ずぶつかる、家の中では靴を脱ぐか、脱がないかという問題。この問題、周りを見る限りフランス側が折れていることが多く、日本人としては譲ることができないポイントのようです。

　一方、日本側が折れているケースが多いのが、子供ができた時に一緒の部屋に寝るかどうか。フランスでは、夫婦にとって神聖な場所でもあるベッドルームに、赤ちゃんといえども立ち入られたくないということから、赤ちゃんの時から子供部屋に寝かせます。日本のように親子ともども川の字になって寝る、というのは見かけない光景で、西洋人の自立心が強いのはこれも影響しているとか。なにはともあれ文化や生活習慣の差を乗り越えるには努力が必要です。

Hiro MORITA

day 364

ささいなことでケンカしていた

　パリに住み始めた時、スーパーのレジのおばさんや郵便局員とよく口論になり、ささいなことでフランス人とよくケンカをしていました。最初の1、2年目は新しい発見があり、慣れない生活に不便を感じながらも楽しく暮らす、いわゆるハネムーン期です。その後、語学の上達と共によりリアルに現実を感じるようになり、フランスが抱える社会の問題を拡大解釈し、日常のあらゆる場面でそのことをあてはめていました。意欲を失った労働者のせいで、あんなにレジや窓口で待たされるのだ！といった具合に。

　その第1期スーパーストレスフル期を乗り越えた5年目くらいで、また新しい地平が見えたのを覚えています。自分がいくら文句を言っても、それを含めてフランスなんだ、とどこか冷静に客観的な視点で物事が見えるようになったためか、めっきり怒ることがなくなりました。そうやって、在住期間が長くなると共に自分も成長した気がしています。

Hiro MORITA

day 365

効率を考えないフランス人

　ある日のこと。「〇〇駅の1番線のナシオン行き方面ホームの一番後の車両の前で待ち合わせね」とパリジャンに言うと「なんで？」という返事。次の乗り換えの時の階段が近くにあり便利だからと説明すると、「ホームならばどこでもいいのでは」と納得してくれません。気になったので、ほかのフランス人達にも、無駄のない待ち合わせを質問したところ、皆一様にそんなことは気にしていない様子。

　さらにある日のこと。友人の事務所に行くと、細かい作業をしていました。フランス人お得意？の文句をブツブツと言いながら。文句を言っているうちに手を動かせばいいのに、と見ていました。そこに、日本人男子が登場。「初めにこうしたほうが早いですよ」と助言。なるほど、作業が進んでいるよう。さらにパリジェンヌがやってきて、「でも、私はこうしたほうが好き」と作業の流れを変えました。フランス人は、効率の良さを喜びとしない、あがめない人達。日仏効率化概念の違い？です。

Yolliko SAITO

フランスを旅する前に知りたい！　豆知識

フランス旅行を楽しむために知っておきたい、ちょっとしたあれこれ。

01
お店に入る時

お店に入る時は「Bonjour!（こんにちは）」と店員さんに挨拶を。商品に触る時は、必ず一声かけてから。コミュニケーションを大切に。

02
お店を出る時

お店を出る時にも「Merci beaucoup!（ありがとう）」と必ず店員さんに声をかけましょう。挨拶がないのはマナー違反。無言でお店を出て行くのはNGです。

03
チップ

チェーン店以外では、基本的にはチップが必要です。カフェでは小銭は置いて帰りましょう。

04
トイレに行きたくなったら

公衆トイレはペーパーがなかったり、故障していることもあるため、カフェに入って、飲み物をオーダーし、待っている間にトイレを借りるほうが何かと安心です。駅やデパートの中にもトイレがあります。掃除担当の人がいる場合は、指定の料金やチップを渡しましょう。小さな籠やトレイが置いてあって、そこに入れるようになっています。

05
水事情

フランスでは水道水ももちろん飲めますが、いろいろなミネラルウォーターを試してみるのもおすすめです。日本でもおなじみのVittelや、Evian、Volvic、発泡水のPerrier、Badoitなど。日本のレストランでは、ワインよりも高くなってしまうこともあるCHATELDONもフランスではお手頃価格です。

06

銀行のATM

最近では、クレジットカードを使って、海外で日本の預金口座からその国の通貨で引き出すことができるので便利ですが、屋外にATMがある場合も多いので、注意が必要です。「ゴルゴ13」ばりに、背後に見知らぬ人に立たれるのを避けましょう。基本的に、銀行の中にあるATM以外は使わないように心がければ安心です。

07

夜道を歩かない

安全に見えてもやっぱり外国。夜道を歩くのは基本的には危ないと考えましょう。日本にいる時と同じようにはいきません。お酒を飲んだ後、酔って夜道を歩くのも考えものです。

08

レジには行列

レジに並んでいると、店員さんとお客さんが話し込んでいる状況に遭遇することもあります。そんな時ものんびりゆったり構えて、じっと待つのがフランス流。出会った人たちとのコミュニケーションや会話が優先です。

09

スーパーマーケットのお菓子

フランスは小麦やバターなどの素材が高品質なため、スーパーマーケットに並んでいるクッキーや焼き菓子などもとてもおいしいのです。LUやBonne maman（リュ ボンヌ ママン）はフランスを代表するお菓子ブランド。ナチュラルな素材にこだわり、着色料や保存料を一切使わない方針のMichel et Augustin（ミッシェル エ オーギュスタン）のお菓子もおすすめです。

10

レンタル自転車

Vélib'（ヴェリブ）は、観光客も利用可能。手続きも簡単で、自転車を借りたいステーションに行き、各ステーションに柱のように立っている自動登録機Borne（ボルヌ）で登録するだけです。日本語表記の案内もあります。フランスでは、自転車は歩道ではなく車道を走ります。日本よりも自転車の交通ルールが厳しく設定されていますのでくれぐれも注意を。

・自転車では歩道を走らない。車道の右側を走る（自転車専用道路がある場合も）。
・一方通行道路は逆走しない（一部、自転車のみ逆走を認められている道路も）。
・夜は必ずライトを点灯する。
・自転車2台で横に並んで走らない。縦に1列で走る。

11

フランスのハチミツ

フランスのスーパーマーケットの棚やマルシェには、個性豊かなハチミツが並んでいます。ハチミツは産地の花の種類や、製造方法によって、風味や香りなどの特徴が違います。お気に入りを見つけるのも楽しみです。

・栗の花(châtaignier)
・ラベンダー(lavande)
・タイム(thym)
・ローズマリー(romarin)
・もみの木(sapin)
・松の木(pin)
・柏の木(chêne)
・菩提樹(tilleul)

12

量り売り

スーパーマーケットでは、野菜や果物がパックされていないこともしばしば。袋に入れて売り場にあるはかりにのせ、商品が書いてあるボタンを押せば、値段が記されたシールが出てきます。そのシールを商品を入れたビニール袋に貼って、レジまで持っていきましょう。

13

フランスの塩

フランス産の天然塩もいろいろあります。カマルグのフルール・ド・セル、ゲランドのフルール・ド・セル、トリュフ塩など。賞味期限も長いので、買い置きしておいても。

14

ハーブやアロマ

ハーブティー、ハーブチンキ、アロマオイルなど、フランスでは、ハーブやアロマの商品の種類が豊富。ちょっとしたお土産に、高品質のアロマオイルをひとつ、というのも喜ばれます。

15

乳製品

フランスは乳製品が豊富。クリームを乳酸発酵させて作る発酵バターは、特に人気のお土産です。国外に持っていくことを伝えると、お店でsous-vide(真空パック)にしてくれる場合も。出発直前まで冷蔵庫で保存し、出発間際にスーツケースに入れて、エアポートで荷物を預ければ、帰国時まで冷えた状態が保てます。BORDIER、beillevaire、ÉCHIRÉなど、日本でも人気の商品のほかにも、フランスでしか買えないバターがたくさんあります。

16

リネン類

エプロン、テーブルクロスなど、フランスならではの品質や色合いのものも多いので、ぜひ買っておきたいもののひとつ。

17

フランスでの服装

フランスでは、どんなに日中は暑くても、朝と晩はかなり冷え込みます。羽織れるものを1枚持っておくことが必要です。急な通り雨も多いので、軽量の折り畳み傘をひとつ、バッグに忍ばせておくと心強いもの。でも、雨が降ったら、カフェで一休みをおすすめします。せっかくの旅の最中ですから、ゆっくりのんびり、あせらずに。

18

基本的に
エアコンはありません

フランスでは一般的にクーラーは普及していません。古い建物が多く、室外機を取り付けることが難しいというのが理由です。でも、フランスの夏は涼しいのかといえば、普通に30℃を超す日もありますので要注意。暑さ対策としては、デパート、ホテルなど、冷房が効いた場所で過ごすこと。夕方になって暑さがやわらいだら活動開始です。

19

旅の足元は

ヒールで石畳を歩くのは辛いので、スニーカーなど長時間歩いても足が痛くならない靴で歩きましょう。

20

休憩をこまめに

旅先では、時差もありますし、体調が揺らぎがち。せっかくフランスまで来たんだし、と思って張り切って予定を詰め込んだら、後でどっと疲れてしまったなんて話もよく聞きます。2時間おきにカフェで休憩、くらいのペースがよさそうです。無理をしないのが一番ですね。

21

デパートのカフェテリア

プランタン、ラファイエット・グルメ、ル・ボン・マルシェなど、デパートの中のカフェテリア、食事エリアは、旅先で疲れた時やショッピング中の休憩には便利です。

撮影・執筆者プロフィール

Teruki ISHIBASHI — *Instagram: @formes_du_temps*

石橋輝樹／音楽家、通訳、グラフィックデザイナー。パリ在住20年。趣味は旅行、蚤の市。日々明るく、楽しくがモットー。

Kaori UMEYA — *Instagram: @infophytoparis*

うめやかおり／薬剤師・フランス植物療法士。オリジナルブランド・トフィー(*Instagram: @tophy.phytreat*)では
植物を使った健康と美容法を発信。2022年には東京に薬店をオープン予定。

Mami OKAMOTO — *Instagram: @mami_okamoto*

岡本真実／編集・ライター。『Huge』『装苑』編集部を経てパリへ。ファッション、ライフスタイルの分野を中心に活動。

Maki KINAKA — *Instagram: @makikinaka_aubonmparis*

紀中麻紀／料理家・ケータリングシェフ。パリ在住14年。コルドンブルー修了後、渡仏。Au Bon M Parisを主宰し、
簡単でヘルシーなレシピやパリの旬の美味しい情報を発信中。*Aubonmparis.amebaownd.com*

Yusuke KINAKA — *Instagram: @yusukekinaka*

紀中祐介／フォトグラファー。パリ在住16年。パリ国立高等美術学校ENSBAにて研究生として渡仏後、
フォトグラファーとして活動。グラマラスで印象的な写真を撮影。

Kaori KONISHIKAWA — *Instagram: @kaori.embroidery*

小西川かおり／刺繍作家。KAORI embroideryとして、パリを拠点に活動中。
パリの老舗手芸店「Ultramod」にも勤務。*linktr.ee/KAORI.embroidery*

YOLLIKO SAITO — *instagram: @yollikosaito*

齋藤順子／フォトグラファー。パリ在住25年以上。ヨーロッパ、北アフリカで活動中。
自然食・自然治療を日常で実践。JPS日本写真家協会会員。*www.yolliko.com*

Ayumi SHINO — *Instagram: @shinoayumi*

篠 あゆみ／フォトグラファー。パリ在住22年。スタイリストとして活動後、パリへ。*www.ayumishino.com*

Masaé TAKANAKA — *Instagram: @masaetakanakaparis*

高中まさえ／ファッションコーディネーター、スタイリスト。パリ在住21年。
広告やカタログ、モード誌にて活躍。新しい活動として、移動花瓶屋もスタート。(*Instagram: @cabin.e.paris*)

Yui TANIGUCHI — *Instagram: @yui.tremplapin*

谷口唯衣／イラストレーター。フランス在住21年。自然をモチーフにした手描きイラストを制作。
パリを拠点にファッション、広告、雑誌などのイラストを手がける。*www.tremplapin.fr*

Noriko MIURA — *Instagram: @noriko756, @bonapetit_japonaise*

三浦典子／ケータリングシェフ。パリ在住20年。美しくて美味しいケータリングが評判。*ameblo.jp/aya22/haru15/*

Morimitsu MIYAMOTO — *Instagram: morimitsu_miyamoto, @morimitsumiyamoto*

宮本盛満／ヘア&メイクアップアーティスト。長年に渡ってパリと東京2拠点で活躍中。

Hiro MORITA — *Instagram: @hiroyukimorita3*

森田ヒロ／ライター・コーディネーター。モードを中心にカルチャー全般について執筆。パリ在住15年。
華道家を目指して現在いけばな修行中。

装丁・本文デザイン: 岡村佳織
取材協力・コーディネート: YOLLIKO SAITO（齊藤事務所）、高中まさえ、宮本盛満
イラスト: 森屋真偉子
協力: 田辺エリ
編集: 印田友紀（smile editors）

smile editors ［ スマイル・エディターズ ］

書籍、ムック、雑誌などを手がける編集プロダクション。国内外で大人のライフスタイルを取材し、58歳から78歳のパリのマダムをフィーチャーした『Madame Chic Paris Snap』、『パリマダム グレイヘア スタイル』（すべて主婦の友社）、結城アンナ『自分をいたわる暮らしごと』（主婦と生活社）など、話題となった書籍を多く編集。その他、『パリのマダムは今日もおしゃれ』、『イギリスの大人スタイル』、『パリの素敵マダムスタイル』（すべてKADOKAWA）、『ロンドンマダムのおしゃれライフスタイル』（マガジンハウス）、『60代からシンプルに穏やかに暮らす』（主婦と生活社）など。
https://smileeditors.net/

フランスの日々の暮らしごと

365日の小さな幸せ

令和3年12月10日　初版第1刷発行
令和4年 5月20日　　第2刷発行

編著者	smile editors
発行者	辻 浩明
発行所	祥伝社
	〒101-8701
	東京都千代田区神田神保町3-3
	03(3265)2081(販売部)
	03(3265)1084(編集部)
	03(3265)3622(業務部)
印刷	萩原印刷
製本	ナショナル製本

ISBN978-4-396-61773-8 C0095
Printed in Japan © 2021,smile editors

祥伝社のホームページ　www.shodensha.co.jp